ちくま文庫

荘子と遊ぶ

禅的思考の源流へ

玄侑宗久

筑摩書房

荘子と遊ぶ——禅的思考の源流へ　目次

荘子と遊ぶ

禅的思考の源流へ

凡例

＊『荘子』の引用については、金谷治訳注『荘子』（岩波文庫）を底本とした。

＊『荘子』以外については、以下の本から引用、また参考にした。

『老子』（金谷治著、講談社学術文庫）、『老子』（福永光司著、朝日選書）、『孟子』（貝塚茂樹著、講談社学術文庫）、『論語』（金谷治訳注、岩波文庫）、『論語新釈』（宇野哲人著、講談社学術文庫）、『臨済録』（入矢義高訳注、岩波文庫）、『臨済録』（朝比奈宗源訳註、タチバナ教養文庫）、『墨子』（浅野裕一著、講談社学術文庫）

＊書き下し文や訳文は、必要に応じて書き換えた。

＊表記については、漢文・書き下し文ともに、基本的に新字体を使用した。ただし、固有名詞には旧字体（正字）を使用した。

＊「有」の読みについては、「無何有」「無有」も慣例に従わず、「う」と読んだ。

序章

「むずむず」からの旅立ち

荘子とは何者か

このたび、『荘子』についての私見を書き連ねることになった。

今なぜ『荘子』なのか。『老子』も『荘子』も、今の中国では消極的だと謗《そし》られ、顧られない。躍進中の大国家にすれば、さもありなんである。しかし閉塞した日本の現状にはむしろ一陣の風の如き『荘子』こそ、求められているのではないか。

制度を整え、競争を煽《あお》り、管理や罰則を強めれば社会はうまくいくと考える人々が、今のこの国にはあまりにも多い。その考え方に荘子は巨大な「否」を突きつけ、そして「むふふ」と不敵にわらう。ムキになって否定し、相手を批判すればするほど相手に似てきてしまうことを、荘子はよくご存じなのである。

『荘子』を読んでいると自分の頭の中に落ちついていた常識のようなものが、居心地悪くむずむずと動きだすのを感じる。まずはその「むずむず」に共感していただくことから、この旅を始めたい。

『荘子』はご承知のように、「老荘」思想と括られるほど、老子の思想を継承する書物として夙《つと》に認知されている。これはおそらく、司馬遷《しばせん》の『史記』の叙述にその淵源があるのだろうと思う。

『史記』の列伝第三「老子韓非列伝」には荘子について次のように云う。

荘子は蒙人《もうひと》なり。名は周。周嘗《かつ》て蒙の漆園吏たり。梁《りょう》の恵王、斉《せい》の宣王と時を同じうす。其の学闚《うかが》わざる所無し。然《しか》して其の要は老子の言に本づき帰す。故に其の著書十余万言、大抵寓言《ぐうげん》を率《ひ》くなり。漁父、盗跖《とうせき》、胠篋《きょきょう》を作り、以て孔子の徒を詆訿《ていし》し、以て老子の術を明らかにす。

つまり荘子は、中国の戦国時代、紀元前三世紀頃の梁の蒙県（今の河南省）の人で、周という名前だった。同時代の人では梁の恵王や斉の宣王などがいる。彼は漆園の管理人という宮仕えも経験し、とにかくあらゆる学問に通じていたが、そのエッセンスは老子の言葉に基づいているというのである。

十余万言におよぶ『荘子』の表現が、ほとんど寓言、つまりフィクショナルな譬《たと》え話だというのは、たしかに司馬遷の述べるとおりだろう。ことに「漁父」「盗跖」「胠篋」などの篇では架空の漁父や大盗賊まで登場させ、孔子学派の人々なら青筋をたてて怒りそうな物語が綴られる。しかし、だからといって『荘子』三十三篇のすべてについて、反・孔子学派、親・老子と割り切ってしまうのは如何《いかが》なものか。私の頭がむずむずしはじめるのは、まずはこの「割り切りすぎ」に対する反問のようなのである。

天命を受け容れる

荘子が老子の思想を継承発展させたという側面が大きいことは確かだ。「道」というものについて、あるいは「無為」や「自然」についての思考なども、両者は矛盾なく重なりあい、拡充されている。しかしその視点ではどうしても理解しきれない内容も『荘子』には含まれている。

たとえば老子（老聃《ろうたん》）の死にまつわる荘子の描写を見ていただきたい。養生主《ようせいしゅ》篇に、「老聃死す」と始まる一節がある。なんの前触れもなく老聃が死に、友人の秦失《しんいつ》がその弔問に出かけるのだが、そのやり方があまりに形式的なので弟子が批判がましいことを言い、それに対して秦失が答えるという物語になっている。

正直なところ、私は初めてこの文章に接したとき、ひどく驚いた。要するに、そこでは老子の亡骸《なきがら》を前にして、年寄りたちはまるで我が子を失ったように声をあげて泣き喚《わめ》き、若い者たちは母親に死なれたように悲しんでいたわけだが、それを以て秦失は、老聃の死の在り方、ひいてはその生前の指導感化の有りようを批判するのである。

是れ天を遁《のが》れ、情に倍《そむ》き、其の受くる所を忘るるなり。

是遁天倍情、忘其所受。

つまり、皆がそんなふうに悲しむのは、天命を受け容れずにそれから遁れようとし、人間本来の情にもそむいているし、それぞれが天から授かった本分のことも忘れているからじゃないか、というのである。これは老子を喪って悲しむ人々に向けられた言葉としては、冷酷なほどに厳しい。秦失はそして追い打ちをかけるように、天命をそのまま受け容れられない人々を昔は「遁天《とんてん》の刑」と云ったものだよと嘯《うそぶ》く。

結論として、荘子は秦失に次のように言わせるのである。

時に安んじて順に処《お》れば、哀楽も入ること能《あた》わざるなり。
安時而処順、哀楽不能入也。

人間の生死は、たまたま巡り合う運命なのだから、どんな時であろうと巡り合ったその時に安んじ、それに随順する態度であれば、哀しみや喜びの入り込む隙なんてないじゃありませんか。極言すれば、そういう死生観を周囲にもたせることのできなかった老聃とは、二百歳以上生きたとしても、それだけの人にすぎない、ということだ。老聃の死という決定的な場面における荘子のこの表現を、いったいどう捉えるべきなのだろう。

遠くで幽《かす》かに、「むふふ」という荘子の嗤《わら》い声が聞こえる。

おそらくここでは、死んだのが老子であることをさほど重視してはいけないのだと思う。誰であれ、生まれて死ぬことをどう受けとめるべきなのか、荘子はそれを語るために老子を単なる狂言廻しに使っているのではないだろうか。

造化のなすがまま

もう一つ、孔子の登場する似たような物語もご紹介しよう。大宗師《だいそうし》篇の一節だが、孟孫才《もうそんさい》という人物が母親を喪ったときの様子を訝《いぶか》しんだ顔回《がんかい》が、師匠である孔子（仲《ちゅう》尼《じ》）にその思いをぶつける。

「孟孫才はその母親が亡くなったとき、泣き悲しむ礼をとりつつも涙を流すことなく、また心から悲しむふうでもなく、さらに服喪中にも哀悼の情が感じられませんでした。大切なこの三つのことが欠けているのに、彼はどういうわけか喪に服することにかけて魯《ろ》の国一番だと評判なのです。本当はそうではないのに、評判だけが高いということがあるのでしょうか。私にはまったく理解できないのですが、いったいどういうことなのでしょう」

するとと孔子は、まるで荘子の思いを代弁するかのように語りだす。

「いや、孟孫才は実際あれで立派に喪に服したのだよ。なまじ服喪の形式を知っているとと普通あんなふうにはできない。つまり彼は形式に対する知識を超えて、心を示したということだ。考えてもみたまえ。服喪の形式を知っていたら、それを簡略化するなんて普通はできないことだろう。ところが彼は、それができたんだから凄い。だいたい孟孫才という人は、なぜ生きるのか、なんて問題にしないし、なぜ死ぬのかも知らないままでいいと思っている。過去も未来も気にせず、ただひたすら造化のなすがままに従い、今のいのちをそのままに受け容れて、今後の未知なる変化を静かに待っている。そういう人物なんだ」

どう考えても、これは孝や礼を重んじた孔子が決して言うはずのない科白《せりふ》である。それどころか、「化に若《したが》いて物と為《な》り、以て其の知らざる所の化を待つのみ」と、荘子の描く孔子は述べるのだが、これこそまさに荘子の思想ではないか。孔子学派に批判的であるはずの荘子が、自らの考え方の核心を孔子に語らせるというのはいったいどうしたことだろう。

じつは『荘子』の内篇ばかりでなく、外篇・雑篇なども具《つぶ》さに見ていくと、孔子を讃歎しているとしか思えない文章にも出会う。たとえば田子方《でんしほう》篇では、魯の哀公と荘子が問答する設定で、「この国には儒者が多い」と誇らしげに言う哀公に対し、荘子はそれを否定し、形ばかりの儒者が多く、本物の儒者は一人だけだと結論づける。むろんそれは孔子のことだろうし、その描き方には孔子の覚悟への賞讃さえ感じられるのである。

また寓言篇の恵施《けいし》と荘子との問答では、荘子自身の科白として「私は孔子にとても及ばないよ（吾はた彼に及ぶを得ざらんか）」とまで言わせている。これをいったいどう受けとめればいいのだろう。

またしても、今度はさっきより近く、「むふふ」が聞こえる。

観念の固定を解く

荘子という人は、どうも『荘子』を読めば読むほど分からなくなる。もとより人間は、分かることなど不可能な存在ではないのか。荘子自身も云うように、言葉とは「風波」のように当てにならず、「常なき」ものだ。そんな言葉をもとに、人間を分かった気になることじたいお門違いなのではないか。

『荘子』を読む際に、なにより大切なのは、それが創作なのだという視点だろう。小説という分類は中国でも六朝時代にようやく現れるのだが、『荘子』にはどうしても小説的な創意を感じる。なにより「小説」という言葉の最古の用例は『荘子』外物篇なのである（「小説を飾りて以て県令を干《もと》む」）。

勝手な名前の登場人物をたくさん創りだすのはまだしも、それが孔子や老子など、歴史上の人物名にも及ぶから紛らわしい。そこから荘子の孔子観や老子観などを導こうと考えるから翻弄されるのではないか。そうして私の中の生真面目な固定観念は、むずむずむずむずと次々に固定を解除されていくのである。

先ほどの孟孫才の覚めた境地として、荘子は孔子に次のように語らせる。

自分といったって、めいめい勝手にこれが自分だと思い込んでいるだけじゃないかね。（いずくんぞ知らん、吾とは、所謂之《いわゆるこれ》を吾とするなるを）

むろん他人もそうだ。自分がどんな人間で、あの人はどんな人なのか、そんな観念的な枠組づくりに、荘子はまったく興味がない。というより、それが出来かかるたびに裏切ろうという意志さえあるのかもしれない。だからこそ荘子は、『老子』のような論述ではなく、もっと自由で創作的なスタイルを採ったのだろう。

必要に応じ、状況に即して誰に何を語らせるのかは完全に作者の手に握られている。そこでは登場人物さえ、「化に若いて物と為り、以て其の知らざる所の化を待つのみ」なのである。

無方の人

司馬遷博士には申し訳ないけれど、今回私は、『荘子』を「以て孔子の徒を詆訿《ていし》し、以て老子の術を明らかにす」る書物というより、もっと自由な創作の書として読み直してみたい。あらゆる枠組を否定する「無方の人」として、荘子を見つめ直してみたいのである。

　そこではおそらく、諧謔に富んだ自由な創作者としての荘子の姿ばかりでなく、禅的な思考がすでに『荘子』において準備されていたことも明らかになっていくだろう。もしかするとその欲求こそが、私をむずむずさせる最大の原因かもしれない。

「むずむず」から「むふふ」へ近づく旅。「むふふ」とは、どんな集団とも徒党を組まず、あらゆる枠組から自由な荘子の嗤いである。またそれは、二つの「不」の上に載った「無」という表現でもある。

「あなたは老子が大好きなのですか」と訊けば、おそらく荘子は「不」と答える。「でも孔子は嫌いでしょう」と訊けば、これも「不」と答えるに違いない。だいたい荘子が嫌いなのは、孔子ではなく何かの徒《と》なのである。荘子はまた、状況を抜きにした如何《いか》なる自己規定も、「不」と否定するだろう。そしてその上には、やがて荘子が「渾沌《こんとん》」とも呼ぶ活き活きとした「無」が現れるのである。

「無嚮《むきよう》に処《お》り、無方に行き、（中略）無端《むたん》に遊ぶ」（在宥篇《ざいゆう》）と述べられる荘子の理想は、絶対的な受動性を全うすることによってそのまま完全な主体性に反転する。無一物であればこそ無尽蔵に産みだされ、無端が万端に及ぶ禅の発想は、明らかに達磨《だるま》西来より遥か以前の中国に、『荘子』においてすでに芽生えていたのである。

禅が特定の生活スタイルを意味しないように、荘子が提案するのも決して特定の思考法や生活の形式ではない。無方の人につきあうのはかなり怖ろしいけれど、しばらくは黙って従《つ》いていってみよう。

第一章

荘子と禅の接近

書物から生身へ

ここで筆者が試みようとしているのは、『荘子』という書物を通してできるかぎり生身の荘子に近づくことである。本当は、夢でもいいからいずれ荘子自身にもこの本に現れてほしいと願っている。

序章では書物も人物もともに荘子と書いたが、紛らわしいし、あまりによそよそしい気がするので、今後人物のほうは荘周と呼ぶことにしよう。

この人、字《あざな》は子休《しきゆう》だという資料もあるが、あまり一般的ではない。別名である南華《なんか》真人《しんじん》のほうがむしろ知られているだろう。唐の玄宗皇帝は道教を熱烈に支持したが、天宝元（七四二）年には荘周に南華真人の号を与え、『荘子』のことは『南華真経《なんかしんきょう》』

と呼んで道教の聖典に加えた。よほど惚れ込んでいたのだろう。

ともあれ、その南華真人こと荘周という人物を知るために『荘子』を読むわけだが、ここで引用するテキストは、一応岩波文庫版『荘子』（金谷治《かなやおさむ》訳注）と決めておこう。ただ序章の引用でも「无」を「無」に直したように、一般化するため、あるいは筆者の思惑によって改変することもあり得る。書き下しや訳文も変える可能性があるので、予《あらかじ》めご諒承いただきたい。

『荘子』という本は、荘周の作品を中心にして、道家の論文や古くからの寓話などを編集した書物だとされる。現在に伝わるのは晋の学者郭象《かくしょう》が編纂したもので、内篇七編、外篇十五編、雑篇十一編の合計三十三編から成る。しかし『漢書』の「藝文志《げいもんし》」には『荘子』は五十二編とあるから、編纂の段階で整理された部分もあるのだろう。とにかくその間に二、三の改編の試みがあり、結果として今は三十三編ものしか残っていないということだ。

どの部分が荘周自身の手になるのかは、異論があって決められない。内篇が自著だとするのが一般的かもしれないが、外篇や雑篇のほうが先に成立していたとする説もある。どうしても内篇が偏重されることが多いわけだが、この三十三編のまま長年伝わってきたのだから、ここではあくまでもその全体を『荘子』として扱いたい。

まずこの著作についての荘周自身の告白から聞いてみよう。

司馬遷は『荘子』の十余万言はたいてい寓言なのだと書いたが、『荘子』雑篇にはなんと「寓言篇」というのがあり、そこにもっと詳しい説明がある。それによれば、『荘子』の十の九、つまり九割は寓言、他事にことよせて書かれた物語だし、七割は重言《じゅうげん》、これは古人の言葉を借りて重みをつけた話。そして残りはみな卮言《しげん》。つまり卮（底の丸い盃）が注がれた酒の量に従って自在に傾くように、相手の出方次第で臨機応変に対応していく言葉だという。

単純に計算すれば分かるが、九割と七割とその残り、というのは重なり合ってこそ可能な数字である。福永光司《ふくながみつじ》氏は「寓言・重言も一種の卮言であり、重言もまた寓言のなかに含まれると解することができる」と述べている。

天から見ればすべて斉しい

問題なのはしかしそのような分類よりも、なにゆえそのような方法論を採ったのか、ということだが、それについても「寓言篇」にちゃんと書いてある。聴き入ってみよう。

まず寓言という間接的な表現方法を用いたのは、誰しも自分と同じ考えだと思えば賛成し、正しいとするが、自分と違った考えはすぐに間違いだと決めつける。そんな人間を相手にするには、直言という形をとらず、自分と関係ない寓話として聞かせたほうが賢明だし効果的だというのである。

重言は、尊敬できる古老の言葉として語り、それを引用するという方法だが、これは「言を已《や》むる所以《ゆえん》なり」とされる。つまり、論争をやめさせるためにそうするというのだ。ただしその際は、本当に道を心得た先達の言葉を用いなくては意味がないと、条件をつけている。

さて三つめの巵言だが、これがまた面白い。「寓言篇」から引用してみよう。

巵言は日（々）に出だし、和するに天倪《てんげい》を以てし、因《よ》るに曼衍《まんえん》を以てす、年を窮《きわ》むる所以なり。言わざれば則ち斉《ひと》し。斉しくして与《た》めに言えば斉しからず、言いて与めに斉しくすれば斉しからざるなり。

巵言日出、和以天倪、因以曼衍、所以窮年、不言則斉、斉与言不斉、言与斉不斉也

和するに天倪を以てす、というのは、『荘子』の思想的中心部とも云える「斉物論

篇」にほぼそのままの形で出てくる言葉だが、要するに天から見ればすべては斉しく、そう見えないのは人間が自分を中心に据えた勝手な是非善悪を振りかざすからにすぎない。荘周はそう考えるわけだが、その天からの平等な見方が、天倪、天鈞《てんきん》（斉物論篇）、天均《てんきん》（寓言篇）などと表される。そういう見方をすることで相手と和し、曼衍つまり窮まりない変化に任せきって臨機応変に言葉を出していく。これが卮言で、それでこそ天寿を全うできるというのである。

簡単に云えば、卮言とは自然なバランス感覚のなかで和を指向する直観的な言葉、とも云えるだろう。ちなみに老聃や荘周においては、天寿を全うするというのは最高の讃辞と捉えていい。卮言を駆使することで初めてそれが可能になるというのである。

言語の限界

こうして寓言、重言、卮言と並べてみると、荘周がいかに論争など望んでいないかが分かる。重言の説明として「言を已むる所以なり」とあることからも判るように、言そのものが議論や論争の素と捉えられている。「言わざれば則ち斉し」いのに、それが斉しいと言葉で説明されると斉しくなくなってしまう。言葉そのものに斉しさを離れる性質があるというのだ。寓言や重言や卮言とは、言語のもつそのような本質的欠陥を、なんとか最小限にするための方法論だと云えるだろう。

言葉というものには、どうしても主観が混じる。「自《よ》ること有りて可とし、自ること有りて不可とす」と荘周は云うが、つまりどんな判断も、自分なりの勝手な理由で可否を決めて言明する。だから荘周は、主観的な表現をできるかぎり避けたのである。これが『荘子』における表現の基本的なスタンスと云えるだろう。

「寓言篇」は、その後の篇名の付け方の変化から見ても、もしやこれは『荘子』全体の「あとがき」として書かれたのではないか、という説がある。本当のところは荘周自身に訊《き》いてみないと分からないが、……どうなんでしょうね、周さん？

呼べども答えず。

しかし彼方の丘に立つ痩身の男がこちらを振り向き、破《や》れ衣《ごろも》を風になびかせながら「むふふ」と嗤ったようにも見えた。おお、この論考が心配で周さんが駆けつけてくれたのだろうか。

禅の胚胎

周さん、いや南華先生にも申し上げよう。

じつは『荘子』のこの言葉への態度は、その後の禅の伝統にも連なっていくのである。「言与斉不斉」を福永光司氏は「言と斉しきとは斉しからず」と読み下すが、それは表現した途端に言葉が実体を離れるということだ。あたかも唐代の南岳懐譲《なんがくえじょう》の「説似《せつじ》一物即不中《いちもつそくふちゅう》（一物を説似すれば即ち中《あた》らず）」を憶いださせる。

また同じく唐代の臨済義玄《りんざいぎげん》の言行録である『臨済録』には「明頭来明頭打《みょうとうらいみょうとうだ》　暗頭来暗頭打《あんとうらいあんとうだ》」という言葉があるが、これこそ荘周の言う卮言の、禅的な表現ではないだろうか。

……ねぇ、周さん。

「むふふ」って、あなたは荘周さん、南華先生なんでしょう。そんなところに立っていないで、この庵までお出でになってくださいよ。

ともあれ、荘周が「斉物論篇《せいぶつろんへん》」に言う「万物斉同《ばんぶつせいどう》」の世界を、禅では「絶対平等」とか「明」と呼ぶ。「第一義」というのも同じことだ。それに対し、現実の主観によって成り立つこちら側の世界を「差別《しゃべつ》」とか「暗」と呼ぶのである。

「明頭来明頭打　暗頭来暗頭打」というのは、荘周風に言うなら、天倪のスタンスで当意即妙に相手の出方に和し、卮言を発するということだろう。間髪おかずに即応するのだから、そこに自己が入り込む余地はない。

荘周にとって「吾とは、所謂之を吾とする」ものにすぎないのだし、「自ること有りて可とし、自ること有りて不可とす」る勝手な存在にすぎない。その意味で荘周は「無我」を称える仏教の正統な中継者であったわけだし、徹底して自己主張などに興味はもたなかった。

そうですよね、周さん。……あれ？　……いない。

どうやら私も隠遁生活がながくなってきたせいか、妄想が出てきたようだ。ここは荘周の知りようがない奇妙な禅の問答でも書いて、今日はもう寝よう。

和をめざす躍動的没主観

私には、禅の問答にこそ荘周の謂《い》う卮言がしぶとく生き残り、その「没主観《もつしゆかん》」性が受け継がれているように思えるのだ。「没主観」といっても分かりにくいと思うが、たとえば『碧巌録《へきがんろく》』第八十二則の問答の一部をご覧いただこう。

「如何なるか是れ堅固《けんご》法身《ほつしん》（永久に滅びない真理とはなんでしょうか）」と問う僧に、大《だい》龍《りゆう》和尚は「山花開いて錦に似たり、澗水湛《かんすいたた》えて藍《あい》の如し」と答えた。むろん通常の理屈では理解しがたい対話である。けれどここでは、美しい景色だけが描写されることで、発語するかぎり必ずいるはずの自己が、ほとんど自然そのものに溶解しかけた状態として示される。要するに、永久に変わらないのは変わり続ける自然そのものなのだ。よく知られた「庭前の柏樹子《はくじゅし》」とか「麻三斤《まさぎん》」などという即物的な表現でも、自己がなくなりつつあるから目の前の物だけがクローズアップされるのである。

どうです周さん。禅はあなたの言葉への態度も自然への親和性も踏襲した。そうして目指すのもあなたと同じ、「没主観」による「和」なのですよ。分かってますよ。「没主観」も「和」も、字面と違ってとてつもなく自在で躍動的なものだって。

あなたは在宥篇で、黄帝の師匠らしい廣成子《こうせいし》に言わせてますよね。「我れは其の一を守りて、以て其の和に処《お》る」って。ところがその自然と調和した一なるからだは、常に陰陽を生みだす渾沌だから、それさえきちんと守っていれば万物が壮《さか》んになる、皇帝といえども最も大切なのはその身を養うことだとおっしゃる。廣成子は、だから千二百歳になっても衰えないっていうんでしょう。

「没主観」というのは、きっと「我」が宇宙大に広がって自然と「和」した状態なんでしょうね。万物が斉しく同じで、釣り合っているという見方も、主観がなくなるから可能なんですね。禅でも云いますよ、「乾坤只一人《けんこんただいちにん》」って。宇宙にたった一人しかいない自己って、そういう自己でしょう。

ところで禅は、それを坐禅によって体験するんですが、周さんは一体どうやって修得したんですか。

ともかく、今日はもう寝ますけど、明日もきっとまた姿を見せてくださいね。待っています。

第二章
坐忘《ざぼう》と心斎《しんさい》

御目見得

今日は秋晴れである。雨戸をあけて縁側に出てみると、人影がある。蓬髪《ほうはつ》に夜露らしき水滴が煌《きら》めき、後ろ姿は老人かと思ったが、庵の外に出てみるとその横顔は朝日に輝いていて驚くほど若い。

「周さん……」

思わず声をかけたが、半眼のまま陽を浴びるように上向けた顔は動かず、反応はなかった。私がいつも坐っている肘掛け椅子に勝手に坐り、気持ちよさそうな呼吸だけが聞こえる。しばらく待つうちに「斉物論篇」の冒頭が思い浮かぶ。

南郭子綦《なんかくしき》、几《き》に隠《よ》りて坐し、天を仰いで噓《いき》（息）す。嗒焉《とうえん》として其の耦《からだ》（偶）を喪《わす》るるに似たり。

南郭子綦、隠几而坐、仰天而噓、嗒焉似喪其耦。

顔色はいいのに、からだは枯れ木のように生気を発散しておらず、また心の動きもまったく感じられない。私は縁側に坐禅しつつ、静かに周さんの気配を窺った。横に居ると周さんの様子は、坐禅とも違っていて、しかも寝ているふうでもないのだった。私は周さんが我に返るのを待ち、南郭子綦が弟子である子游《しゆう》に言った言葉を先取りして言ってみた。

「もしかして、吾《わ》れ、我れを喪るって奴ですか」

「むふふ。……分かっとるやないの、君」

「あ、私、宗久って言います。お見知りおきください」

「……忘れるかも」

周さんはそう言って、笑いもせず朝日を眩しそうに見上げた。

少しショックだったが私は顔には出さず、気になっていたことを質問することにした。

「老師は、天鈞とか天均、あるいは天倪なんておっしゃいますが、天と一体になるために、その、坐禅みたいなこと、されるんですか」

「ザゼン?」

「あ、老師はご存じなかったんですね。老師より八百年もあとに、菩提達磨という人がインドから中国に来ましてね。嵩山《すうざん》の洞窟の中でずうっと坐ってて、それから坐禅という修行法を広めるんですよ。もともとはお釈迦さまが菩提樹の下で七日も坐ってたってんで、その原点に還れということだったみたいですけど」

「ふうん。……ずいぶん不自然なこと、するんやね」

「するんやねって……、老師の、吾れ我れを喪る、と同じですよ」

「あ、そう?」

「そうですよ。老師は「坐馳《ざち》」（人間世篇《じんかんせい》）とか「坐忘《ざぼう》」（大宗師篇）っていう言葉も使ってらっしゃいますよね。こうして坐っていても、心が走りまわってるのが坐馳でしょう。坐禅でも、初心者はどうしてもそうなります。坐忘については、孔子と一番弟子の顔回との会話という形で、書いてらっしゃるじゃないですか」

「……ああ、そやったかな」

「そやったかじゃありませんよ。読み上げますから憶いだしてくださいよ」

私は急いで庵の机の上からボロボロになった『荘子』を持ってきた。大宗師篇を探しながら、もう話しはじめていた。

「坐忘」の境地

「ほら顔回が突然、進境がありましたって言うじゃないですか。何のことだと孔子に訊かれると、最初はたしか「仁義を忘れました」って言いますよね。顔回が仁義忘れただなんて、とんでもない話ですけど……、「むふふ」じゃありませんよ、老師が書いたんですよ。それで孔子にまだまだって言われると、今度は顔回、「礼楽を忘れました」でしょ。まったくよく書きますよ。それでも孔子はまだまだって、ああ、ここです。はい、読みますよ。三回目のときに、顔回がまた進境がありましたって言うんですよね。

它日《たじつ》、復《ま》た見《まみ》えて曰《いわ》く、回は益《えき》せりと。曰く、何の謂《い》いぞやと。曰く、回は坐忘せりと。仲尼蹵然《しゅくぜん》として曰く、何をか坐忘と謂うと。
它日復見曰、回益矣、曰、何謂也、曰、回坐忘矣、仲尼蹵然曰、何謂坐忘。

瞭然ですからね。孔子先生、居ずまいを正して、坐忘とは何かって弟子に訊いちゃうわけでしょう。老師、憶いだしました？　これ聞いたら憶いだしますよ、顔回の答え。

顔回曰く、枝体《したい》を堕《こぼ》ち聡明を黜《しりぞ》け、形を離れ知を去りて、大通に同ず、此れを坐忘と謂うと。

顔回曰、堕枝体黜聡明、離形去知、同於大通、此謂坐忘。

老師、このあと、顔回があんまり素晴らしいからってんで、仲尼に「お前に従いていこう」なんて言わせてるんですよ。よっぽど孔子に坐忘を教えたかったってことでしょう」

矢継ぎ早に話しすぎたような気もして、私は心配になって荘周の横顔を見た。するとまっすぐ朝日を見上げながら、荘周は懐かしそうに眼を細めている。私は急に言葉が出せなくなり、顔回の言葉を反芻した。

「手足や体の感覚もなくなり、耳や眼からの感覚にも振り回されず、いわばこの肉体から離れ、知のはたらきからも無縁になって、あの大きく全体に通じる力と一体になる。それこそが坐忘だろう」

するとと私のその内心の声を聞き取ったかのように、荘周は「せやったせやった、そんな言い方してたわ」と、相変わらず関西弁で呟いた。

「っでしょう」と私も喜び、結局坐禅と同じだよなと思った。

そういえば中唐の詩人白楽天は、禅の修行もして香山居士《こうざんこじ》と呼ばれたが、その「睡《すい》起晏坐《きあんざ》」詩に「行禅と坐忘とは、同帰にして異路なし」と書いている。

聡明をしりぞける

思えば私は、恥ずかしいことにこの一節を読んで初めて「聡」が耳ざとさであり「明」が目ざとさなのだと知った。文字を見れば明らかなのに、それまで気づかなかった。お釈迦さまが感覚を信じるなとおっしゃったのと同じことを、荘周は言っている。「聡」も「明」も、一般的には褒め言葉なのに、ここでは明確に退けるべき価値なのである。

博多聖福寺《しょうふくじ》の仙厓義梵《せんがいぎぼん》は、きっとこの「聡明を黜け」るという言葉にいたく感じ入ったのだろう。五十二歳にして「失却す従前の聡と明とを」と宣言し、絵も書も進歩ではなく「退歩」をめざし、「厓画無法《がいがむほう》」と云われる破天荒で飄逸《ひょういつ》な画風に変化していく。

むろん「聡」と「明」の原義を知っていさえすれば、それを「失却す」るくらい『荘子』に拠らずとも書ける。しかし仙厓が『荘子』をこよなく愛読していたことは、聖福寺を隠退してから栖《す》んだ庵の名前からも感じられる。「虚白院」……。それは仙厓じしんの命名ではないが、彼はこの場所をこよなく愛した。「坐馳」とは反対の理想的な事態、「虚室に白を生ず」（人間世篇）から来ているのだが、つまり心が空虚（カラッポ）であれば、そこに清白なる光明が差し込み、吉祥もあつまってくるというのである。これこそ「坐忘」によって得られる境地で、坐禅が目指すのもこのカラッポである。

この状態では、「夫《そ》れ耳目に徇《したが》いて内に通じ、而《しこう》して心知を外にすれば、鬼神《きじん》も将《まさ》に来たり舍《やど》らんとす」、つまり、耳や目から入った感覚そのままに分別を交えず心に受け容れ、主観的な判断を捨て去れば、もちまえのものを超えた力さえ宿るというのである。耳目から入った感覚そのままであるなら、即ち「聡」でも「明」でもないということだ。

「心斎」の地平

いわゆる仏教の禅定も知らず、「五蘊皆空《ごうんかいくう》」も知りようがない時代の荘周が、仏陀とここまで似通った認識を示したことにあらためて驚く。「虚室に白を生ず」る人は、「無知を以て知」り、「闕《けつ》を瞻《み》る」とされるのだが、ここで云う「闕（欠ける）」は、金谷治氏も補っているように、仏教の云う「空」にあまりに近い。「無知を以て知る」というのも、知識や主観的分別を交えて成立する「色《しき》」の本質を、荘周がすでに見抜いていた証拠と云えるだろう。

人間世篇のこの話は、もともと顔回が衛の国に出かけて乱暴な君主を諫《いさ》めたいというので、師匠の孔子が心配してその心境を訊き、導く物語だ。違った考えの人、それも権力をもった暴君を諫めるなど、正義感のままに救済者気取りで出かけていったところで捕まって死刑にされるだけだろう。顔回の身に具《そな》わった知識と名誉欲こそが災いを招くのだと、孔子は諭す。名誉は互いを傷つけあうものだし、知識は争いの道具だというのである。

およそ、ここで描かれる顔回のような行動に出たのは実際には孔子自身であり、荘周も本当は孔子に物申したいのだろう。しかしそのまま書いたのでは顔回の正義感と同じ土俵に上ってしまう。衛王を諫めようとする顔回と、同じになってしまうではないか。無益な論争を避けるためにも、荘周は自分の理想をあえて孔子に語らせるのである。

そこでは、荘周の深い人間理解に基づいたさまざまなやりとりが、孔子と顔回との間で交わされる。今はしかし、間は飛ばして結論だけ申し上げよう。とにかく「心《しん》斎《さい》」せよと、荘周は孔子に言わせる。顔回は斎戒沐浴のことと勘違いするが、そういう「ものいみ」ではない「心斎」を、孔子はさらに説く。「心のはたらきを統一し、まずは耳で聞かないで心で聞きなさい。それができたら今度は心で聞かずに「氣《き》」によって聞きなさい。耳はただ聞くだけだし、心は勝手なイメージを作ってしまうけれど、「氣」というのは空虚だからどんなものでも自在に受け容れることができる。道というのはこの虚だけに宿るのだよ。虚になることこそが心斎なんだ」

坐忘によって虚空と一体になり、「吾れ、我れを喪れ」、「氣」がすべてをつなぐ「心斎」の状態。これこそ荘周が本当は孔子に告げたかった境地なのである。

已《や》むを得ず

「なに、ごちゃごちゃ考えてまんのん?」

ふいに周さんが振り向いて言った。

「あ、……わかります？」

「そら、わかりまっせ。側にいたら賑《にぎ》やかですわ」

「すみません」

さほど迷惑そうでもない顔に私は安心し、思いきって訊いてみた。

「ところで老師は、どちらにお住まいなんですか？」

「むふふ、……あの丘の先」

「あの丘の、先って、……まさか、あの古いアパートですか」

「そ。つい最近、大阪から越してきたんよ」

「……もしかして、心斎橋あたりから、ですか」

「よう、わかるなぁ」

「そりゃあ、心斎橋といえば、老師の橋みたいなものでしょう」

「むふふ。だけどあそこには、儒者が「至誠通天《しせいつうてん》」から名づけた通天閣もあるし、ま、いろいろあって、面白かったけどね」

「どうして引っ越しを？」

ちょっと立ち入りすぎかとも思ったが、荘周は即座に答えた。

「やむをえず、ね」

「ああ……。あの古いアパートに入ったのも……」

「そ。やむをえず」

なるほど荘周にとって、「やむをえず」こそは最大の行動原理であった。心斎を納得した顔回に、実際に衛に出かけた場合の心がけとして孔子は示す。


宅を一にして已《や》むを得ざるに寓《ぐう》すれば、則ち幾《ちか》し。

一宅而寓於不得已、則幾矣。


つまり、心の栖《すみか》を一つにまとめ、已むを得ない行動以外に賢《さか》しらなはたらきかけをしないでいられるなら、完璧に近い、と。

ふいに私は荘周に訊いた。

「ところで老師、今日おいでになったのは……なにか、御用……」

「あ、そうそう。これ、……引っ越しのご挨拶」

言いながら荘周は袂から肉まんを一つ取り出し、私に手渡すと、いかにもやむをえずという感じで嗤いながら去っていくのだった。

第三章
夢みぬ人の夢

胡蝶の夢

「夢」という言葉の使い方には、大きく分けて二つある。一つは「夢や希望」と云うときの将来的な明るいビジョン。これはたとえばキング牧師の"I have a dream."にも通じる。もう一つは荘周の言った「胡蝶《こちょう》の夢」の如き、仏教的「夢幻」に繋がる「夢」である。

白川静氏によれば、もともと「夢」は、「莧」と「夕」とが結びついた文字で、「莧」というのは女性霊能者のことらしい。古代、夢は睡眠中に霊が入り込んで起こる現象と考えられ、「莧」はそれを操作する力をもつと信じられていた。『周礼』によれば、古代中国には夢を占う正式な役職もあったらしい。

そのような背景のなかで、荘周は「古《いにしえ》の真人《しんじん》は、其の寝《い》ぬるや夢みず」（大宗師篇）と言う。要するに雑念がなく、また霊能者にもつけいられないため、寝ても夢は見ないというのである。

参考のため、真人のほかの特徴も記しておくと、「其の覚むるや憂いなく、其の食らうや甘《うま》しとせず、其の息するや深深《しんしん》たり。真人の息は踵《きびす》を以てし、衆人の息は喉を以てす」、となる。寝ても夢をみず、覚めても憂いなく、食べても旨いまずいを思わず、ひたすら呼吸は深い。それもそのはずで、一般人のように喉で呼吸するのではなく、足裏で呼吸しているというのだ。

まるでそのまま禅僧の心がけのようだし、実際この「真人」という言葉は『臨済録』にも「無位《むい》の真人《しんにん》」として援用される。ここでも荘周を後継する禅の姿が見えるわけだが、今は話を夢に戻そう。

寝ても夢を見ない荘周にとって、夢とはいったいどういうものなのか。斉物論篇の最後にある「胡蝶の夢」を引用してみよう。

昔者《むかし》、荘周、夢に胡蝶と為《な》る。栩栩然《くくぜん》として胡蝶なり。自ら喩《たのし》（愉）みて志《こころ》に適《かな》うかな。周なることを知らざるなり。俄然として覚むれば、則ち蘧蘧然《きょきょぜん》として周なり。知らず、周の夢に胡蝶と為るか、胡蝶の夢に周と為るかを。周と胡蝶とは、則ち必ず分あらん。此れをこれ物化《ぶっか》と謂う。

昔者、荘周、夢為胡蝶、栩栩然胡蝶也、自喩適志与、不知周也、俄然覚、則蘧蘧然周也、不知、周之夢為胡蝶与、胡蝶之夢為周与、周与胡蝶、則必有分矣、此之謂物化。

自分が蝶になってひらひら楽しく飛んでいる体験をしたとき、人は当然のことだが夢だと思うだろう。荘周も「夢に胡蝶と為る」のだと、最初は思った。しかしどう思い返しても、そのときは蝶の「志」になりきって楽しく飛んでいた。そしてふと覚めると、またまぎれもなく荘周だったというのだ。

変化に身を任せる

通常我々は、安定的な自己像を措定し、それから外れたイメージを夢とみなすけれど、違うのではないか、というのが荘周の見解である。夢というのは、常に覚めた時点で過去の時間に対して下す判断であり、その場合あくまでも「今」を「うつつ（現）」とみなしているわけだが、この「今」からも覚めてしまうことだってあり得るではないか。そうなると、もしかしたら今のこの荘周が、蝶の見ている夢かもしれない……。そうじゃないという保証は何もない。

どちらかが現実でどちらかが夢とみなすのではなく、これは「物化」つまり万物の変化のありさまと思うべきなのではないか。荘周と蝶との間には、一応の分別差異はあるにしても、それは変化の一環として受け取れるではないか。そうであるなら、「今」というこの時間もいつかは「夢」になる。夢のようだと思える時が来るに違いない。

そのような「夢」は、初めに申し上げたようにまさしく仏教に受け継がれる。人生を「一場の夢」や「幻」と見るのは、やがてその世界から覚め、まったく想像もできなかった次なる世界に生まれる「かもしれない」からである。

江戸時代の沢庵禅師はその最期に臨み、弟子たちに揮毫《きごう》をせがまれて「夢」と大書したと伝えられるが、これは紛れもなく荘周直伝の「夢」である。

むろんそれは、「今」を軽く見るということではない。どんな「今」も、やがては変化して「夢」のように思い返されるだろうが、ともかく「今」はその現実の「志に適う」よう、なりきって楽しむしかない。あとは変化に身を任せるという覚悟なのである。

禅では一生のことを「大夢《だいむ》」とも呼ぶから、「大夢俄《にわか》に遷《うつ》る」というのは死への移行のことだ。しかしそんな大きな変化ばかりでなく、人生における大小さまざまな苦しい時間にも、それが必ず「夢」に思えるほど変化すると確信できるなら、苦しい「今」に向き合う勇気も湧き出てくるだろう。

受け容れて、楽しむ

こうした荘周の考え方が、大宗師篇では死生観としてはっきり表現される。

特《た》だ人の形に犯《はん》（笵）して、而《しか》も猶《な》おこれを喜ぶ。人の形の若《ごと》き者は、万化して未だ始めより極まりあらざるなり。其の楽しみたるや、勝《あ》げて計《かぞ》うべけんや。

特犯人之形、而猶喜之、若人之形者、万化而未始有極也、其為楽、可勝計邪。

人はただ人間という形に嵌って生まれたことを喜んでいるけれど、今のこの人間の形など、次々に変化して窮まりないものだ。その変化に対処することで得られる楽しみこそ計り知れないものじゃないか……。

また同じ大宗師篇で荘周は、病気になった子與《しよ》にこんなことを言わせている。「背中はひどく曲がって盛り上がり、内臓は頭の上にきて頤《あご》はヘソのあたりに隠れ、両肩は頭の天辺よりも高く、頭髪の髻《もとどり》は天を指している。およそ人間と云えそうもないこんな様子だが、俺は造化のはたらきを憎みはしないよ。いや、天がさらに俺の左腕をオンドリにしてしまうというなら、時を告げて鳴いてやろうじゃないか。また俺の右腕を弾《たま》にしてしまうというなら、今度はその弾になりきって、炙《あぶ》り肉にする鴞《ふくろう》でも落としてやるさ」

あまりに極端な譬喩ではあるが、要はどんな変化も、たとえそれが奇形を伴う病気や事故であっても運命として受け容れ、それを楽しむという覚悟が鮮明に窺える。

そしてその覚悟は、死という最大の変化についても適用される。

古の真人は、生を説《よろこ》（悦）ぶことを知らず、死を悪《にく》むことを知らず。其の出《い》づるに訴《よろこ》（忻）ばず、其の入るに距まず。翛然《ゆうぜん》として往き、翛然として来たるのみ。其の始まる所を志《し》（知）らず、其の終わる所を求めず、受けてこれを喜び、忘れてこれを復《かえ》す。

古之真人、不知説生、不知悪死、其出不訢、其入不距、翛然而往、翛然而来而已矣、不志其所始、不求其所終、受而喜之、忘而復之。

つまり真人にとっては、生も死もひと連なりの受容すべき変化なのだから、あえて生まれたことを悦んだり死を憎んだりすることもない。ただ悠然として死に去り、悠然として生まれ来るだけだ。どうして生まれてきたのかも知らないし、死んだらどうなるのかも知らない。ただ命を受けてはその生を楽しみ、万事を忘れてその生を生ききったらそれをお返しするだけだ。

お返ししたあとは、また「以て其の知らざる所の化を待つのみ」なのだとすれば、それを輪廻《りんね》と呼ぶことも可能だろう。しかし大切なのは、荘周がおそらくインドの伝統的輪廻観は知らずにこれを述べていること。そして仏陀にとっては解脱《げだつ》すべき桎梏《しっこく》であった輪廻が、荘周にはむしろどう転んでも楽しむべきものであったことである。どこに、どのような境遇に生まれたのか、という偶然を、荘周は「已《や》むを得ざる」必然として生きようとする。そしてどんな生も、彼には夢中に生きるべき「夢」なのである。

遊びましょ。

以上のような尤《もっと》もらしいことを考えながら、私はある日、ススキとキリン草の入り乱れる丘を登っていった。空は澄みきって、雲ひとつなかった。

古い二階建てのアパートの前に着き、二階の窓に並べられた洗濯物を見たとたん、私は何のために周さんを訪ねてきたのかすっかり忘れていた。

洗濯物には、先日の「吾喪我」のときの白い特別な道服も見えたが、大部分はカラフルなTシャツとコットンパンツのようであった。しかもその横には、白い褌《ふんどし》が数枚風になびき、どうやら龍らしい絵柄も見えた。そして私が呆然とその洗濯物を見上げていると、褌の間から突然周さんが顔を出したのである。

「お、宗久さんやおまへんか。どないしたんです？」

「どない……、ああ、……どないもしませんのですが、ニーハオ」

まるで莫迦《ばか》だった。なにをしに来たのだったか、まったく憶いだせない。周さんはしかし即座に「好《ハオ》」と答え、莞爾《かんじ》と笑いながらさらに「很好《ヘンハオ》」と付け加えた。私はこうしてここに出向いた用件は憶いだせないまま、しかしもうすっかり満足した気分になっていた。

しばらく私はにこにこ二階の窓辺を見上げていたように思うのだが、気がつくと周さんが私の前の草地に立ち、黄色いTシャツ姿でスクワットみたいな屈伸運動をしはじめた。Tシャツの胸元には○に福の字がプリントされていた。

私の頭は疑問符だらけだったが、とりあえず手近なことから訊いてみた。

「なに、してるんです？　太極拳？」

「むふふ、……遊んどるんよ」

それが荘周の得意な台詞であることは、私にも分かった。分かったけれど、あらためて聞くとやはり可笑《おか》しかった。むかしの子供たちはよく「遊びましょ」と近所で言い合ったものだが、今はすっかり聞かなくなった。一瞬のうちに私は妙な感慨にふけった。

「ちょっと、伺ってもいいですか？」

「なんです？」

「先生、いや、老師は、この町でなにをされてるんですか？　遊んでいるだけじゃ暮らせないでしょう」

「………」

スクワットは続けながら、周さんは不思議そうに私を視《み》た。しかしやがて「ああ」と呟くと、静かに膝を伸ばしながら私のほうへゆっくり右手を近づけるのだった。大きな手が私の左肩に置かれ、その部分だけが春を迎えたように温かくなった。私は思わず眼を閉じ、口を開いたついでに言った。

「もしかして、整体師、ですか」

「そ。……動物の、やけどな」

「動物の整体師？」

「うん。近頃はうつっぽいネコとか、イヌの神経症とか多くてね」

そう言うと周さんは、左手のほうも私の右肩に載せた。私はまるっきり気持ちよくなり、胸が広がっていくのを感じつつ眼を閉じていた。すると温かく芳しい微風が吹いてきて、周さんの声が少し上のほうから聞こえた。

「宗久さんだっけ、あんたも少し、考えすぎやね」

眼をあけてみると、なんと周さんが私の背中に跨り、私はどうやら一頭のロバになっているのだった。ロバになった私の首や背中に触れながら、周さんは私に何度か「トンイー」と呼びかけた。一瞬豚のトンを想ったが、「東一」かもしれない。東のほうの長男ロバなのだろうか。ともかく私は周さんを乗せたままアパートの前を歩きまわり、やがてそれが気持ちよくなってどんどんスピードをあげた。

丘を駆けあがり、干し草を食べ、嬉しくて声を出してみたが、「ブギ、ブギ」とか「ぎょひ」としか声が出せない。それでも周さんには気持ちが通じるようだし、べつに困ることもなかった。

なにも思うことなく快適に駆けまわっているうちに、私はいつしか自分の庵の前に来ていた。そのとき、机に頭がぶつかり、私は涎《よだれ》を垂らしたままふいに眼を醒ましたのである。

第四章
道と徳、そして性と命

道と徳

『老子』第五十一章には以下のようにある。

道、之を生じ、徳、之を畜《やしな》い、物、之を形づくり、器《き》、之を成す。是《ここ》を以て万物、道を尊《たっと》びて徳を貴《たっと》ばざるは莫《な》し。道の尊きと徳の貴きは、夫《そ》れ之を命ずる莫くして、常に自《おのずか》ら然《しか》り。

「之」というのは「物」以前だから訳しにくいが、ひとまず何者かと呼んでおこう。道が何者かを生みだし、それを徳が養い、やがて個々の形ある物になり、それぞれの役割（＝器）を演じつつこの世界を形成している。結果的には万物を生成し、養育する大元が道と徳であるから、誰かが命じたわけではないけれど万物は道や徳を自然に尊んでいる、というのである。

本当は、道と名づけてしまったらすでに道ではないと、第一章の冒頭に書かれている。老子にとって、道とはどんな定義にも収まらない生命原理であるわけだが、ここでは儒家が道と呼ぶ仁義などを否定するためにも特に命名できないことが主張される。そのような奥深き根源を、老子は「玄」とも表現する。「玄の又《ま》た玄は衆妙の門」（第一章）と云うが、これも敢えて別に表現した道のことだ。命の微妙なはたらきの凡《およ》そすべてが、そこから出てくる。

「自然」という言葉は、この『老子』第五十一章のほか、第二十五章で初めて登場する（「道は自然に法《のっと》る」）。『荘子』では徳充符篇が初出）。道も徳も、それが万物から尊ばれるのも自然のなりゆき。孔子が人間の歩むべきものとして考えた道が、ここでは一気にあらゆる現象世界の自然として拡張されている。

『老子』第十章と五十一章には徳について同じ説明が繰り返されている。

生《しょう》じて有《ゆう》せず、為《な》して恃《たの》まず、長じて宰《さい》せず、是を玄徳《げんとく》と謂《い》う。

つまりわざわざ幽玄な徳（玄徳）と呼ぶほどに、徳は日立たないわけだが、それは生みだしながらその結果を我がものとすることなく、大きな仕事をしても決して自慢せず、はたらきが有能であってもその場を仕切ったりしない、そのような在り方だからである。

第五十五章には「含徳の厚き」と題し、内なる徳の厚い人は赤ん坊のようだと述べられる。玄徳といい含徳とも呼ぶのは、徳がいかに眼につきにくいものかが強調されているのだろう。

老子は赤子をつぶさに観察する。赤ん坊には蜂もサソリも蝮《まむし》も嚙みつかないし、猛獣も猛禽も襲わない。しかも骨格は弱く筋肉も柔らかいくせに握り拳は信じられないほど固く、また男女の交合など知らないくせに男の子はちゃんと勃起する。そして終日泣き叫んでもどうしたことか喉が嗄《か》れない。老子はそれを「精の至り」「和の至り」のせいだと分析する。つまり赤ん坊には、盛んな生命エネルギー（精）が横溢《おういつ》し、しかもそれが調和している。万物を育む内なる徳（含徳）というのは、そういうものだと云うのである。

老子はそういう意味で「柔弱」なる赤子を道と徳の面から心底尊敬している。今我々が用いる「道徳」はあくまでも儒教的で、いわば人為の在り方についての世間的規範といった意味だから、赤子にこれがあるなどと言えば笑われるだろう。しかし老子における「道徳」とは、誰より赤子において実現している命の自然なはたらきなのである。

性脩《おさ》まる

むろん、老子の道や徳についての考え方は、荘周にも受け継がれる。『荘子』天地篇には、少し表現は違うがもう一歩詳しくそのあたりのことが述べられる。

泰初《たいしょ》に無あり。有もなく名もなし。一の起こる所、一あるも未だ形せず、物得て以て生ずる、これを徳と謂う。未だ形せざる者に分あり。且然《しょぜん》として間《かん》なき、これを命《めい》と謂う。留（流）動して物を生じ、物成りて理を生ずる、これを形と謂う。形体、神を保ち、各々《おのおの》儀則《ぎそく》ある、これを性と謂う。性脩《おさ》まれば徳に反《かえ》り、徳至れば初めに同ず。同ずれば乃《すなわ》ち虚、虚なれば乃ち大なり。

泰初有無、無有無名、一之所起、有一而未形、物得以生、謂之徳、未形者有分、且然無間、謂之命、留動而生物、物成生理、謂之形、形体保神、各有儀則、謂之性、性脩反徳、徳至同於初、同乃虚、虚乃大。

荘周の云う「無」は「渾沌」とも呼ばれ、老子の「道」や「玄」に重なる。そこにはあらゆる存在がまだ発生しておらず、したがって名前もない。「一」というのは本来「道」と同じで、『老子』第三十九章に「昔の一を得る者、天は一を得て以て清く、地は一を得て以て寧《やす》く、（中略）万物は一を得て以て生じ」とあるように、そこから天地も万物も生まれてくる兆しを捉え、二を予感しながら「一」と呼んでいるのである。当然、まだ形はない。

活潑《かっぱつ》なエネルギーとしての「一」はまるで渾沌から八百万の神が生まれるように「物」を生ずる。万物に根源的な「一」からそれぞれの物に分与された共通のはたらきを「徳」と云う。「一」がまだそれぞれの形に収まらず、次々に分かれて万物に漏れなく宿っていく様子を想ってみていただきたい。その繫がっている全体を「命」と云い、当然それは全体と連動して運《うご》いているから「運命」である。

「一」（＝渾沌）が流動して物ができるが、物ができあがるとその物に特有の属性「理」が生ずる。そうなった状態を形と云う。生命エネルギーは最も原初的な「精」から「氣」、「氣」から「神《こころ》」へと精錬されるが、形ある物にはこの「神」が宿るため、それぞれに固有の法則ができる。これを「性」と云うのである。

要するに我々人間を含めた万物には、この「神」を伴った「性」が宿っている。しかも我々は明らかに「命」の影響下にある。だから古代には生きた人間存在そのものを「性命」と呼んだ。後世、これに変わって「生命」の文字が用いられるようになるのである。

直接「命」には働きかけにくいから、荘周はなによりこの「性」を修めよと云う。「性」を修めれば本来の「徳」に立ち返り、「徳」を全うすれば初めの「一」(=無=道)に同化する。同化すれば空虚(カラッポ)になり、空虚ならば無限大にも等しい。

これは荘周の、世界観であると同時におそらくは体験でもあり、また信念としての生き方でもあるのだろう。

私はどうしても、菩提達磨を思わずにはいられない。達磨はお釈迦さまの二十八代目の嗣法者《しほうしゃ》としてインドから海路中国へ渡り、当時仏心天子と云われた梁の武帝に面会したとされるが、機縁が熟していないことを覚って南下し、洛陽の東の嵩山《すうざん》に入ったという。

達磨の実在を疑う人はいるが、もしも実在したとすれば当時道家の人々が蝟集《いしゅう》していた嵩山で彼が老荘思想に触れたことは間違いないだろう。達磨が強調した「見性《けんしょう》」

は、荘周の云う「性脩《おさ》まる」にあまりに重なる。また達磨は武帝に「如何なるか是れ聖諦《しょうたい》第一義（最も聖なる真理とは何ですか）」と問われ、「廓然無聖《かくねんむしょう》（広々カラッとしていて、聖も俗もありゃせんわい）」と答えたとされるが、本当ならば勿論だが、たとえ後世作られた物語であるとしても尚更、そこには老荘の思想が流れ込んだと思えるのである。「廓然無聖」とは、「一」に同化し、虚にして無限大になった荘周の心境そのものではないだろうか。無聖ということは、当然聖俗という二元に分かれるまえの「一」であり、禅の尊ぶ「不二」もすでにここに胚胎している。

自然との一体化

さて虚にして大になったあとは、どうなるのか。荘周は「喙鳴《とうめい》に合《がっ》し、喙鳴合して天地と合《ごう》を為す。其の合、緡緡《びんびん》、愚《ぐ》なるが若《ごと》く昏《こん》なるが若し。是れを玄徳と謂い、大《たい》順《じゅん》に同ず」と言う。

つまり荘周は、鳥がさえずるような自然の営みに合一し、鳥のほうもこちらに合一してきて、その合一ぐあいはまったくピタッとしており、自然と一体になるから差別の知もはたらかず、まるで莫迦《ばか》（愚）のように無知（昏）のように見えるだろうが、老子の謂う「玄徳」とは荘周に言わせればそこまで自然と一体化した状態なのだ。要するに知的な主観など皆無な、偉大なる随順なのである。

道と徳の定義からも明らかなように、それはあらゆる存在に通底する命のはたらきそのものである。生みだし、養う力が、もともと命には具《そな》わっている。多くの解説者は「徳」を「もちまえ」と読ませているが、「徳」があらゆる命に共通する「もちまえ」であるならば、「性」には人間の「もちまえ」や犬の「もちまえ」、猫の「もちまえ」、そして鳥たちの「もちまえ」もあることになる。

鳥たちは「もちまえ」のままに囀《さえず》り、飛び、また猫もおおよそ「もちまえ」のまま暮らしているが、犬になると飼い主から学習することでこの「もちまえ」が歪む。馬にいたっては、その「真性」が伯楽という調教師の出現によって著しく歪められたと、荘周は憤っている（馬蹄《ばてい》篇）。焼きごてを当て、毛を切りそろえ、蹄《ひづめ》を削って爪を落とし、綱をつけて馬小屋につなぐことでその二、三割は死に、さらに生き残った馬たちも、食べ物や水を与えられなかったり無理に駆けさせられたり、前からは轡《くつわ》でひきとめられ、後ろからは鞭で脅されるうちに半分以上が死んでしまった、というのである。

人も動物も、「もちまえ」（＝性）がそのまま発揮されれば「徳」に帰り、その「徳」を全うすれば「道」に合致するというなら、荘周の考える道徳はそのままで仏教の「慈悲」をも実現していることになる。徳や道は性という個別の「もちまえ」を超えて冥合《めいごう》し、愚の如く昏の如く理屈なしで通じあってしまうという。それこそまさに「慈悲」ではないか。

それぞれの「もちまえ」

そうか、それで周さんは動物の整体師をしてるんだ。道徳で動物たちを治してるんだ。

ようやくそこに思い至った私は、しかしあれは夢ではなかったかと思い返し、なにがなんだか分からなくなってしまった。ともかく確かめなくてはと考えてまた周さんを訪ねたのは、紅葉の綺麗に輝く晴れた昼下がりだった。

古いアパートのベランダにその日は洗濯物もなく、風もないのに近くの欅の大木から静かに葉が散っていた。

開いた窓のほうを見上げていると、どうして気づいたのか白い道服を着た周さんが上半身をのぞかせて言った。

「おや、宗久さんやおまへんか。どないです、上がってきまへんか」

「ああ……、いいんですか。お客さんじゃないですか」

まさかと思いながら私は一応礼儀として訊《き》いたのだが、周さんは困ったように微笑みながら、「まぁお客さんはお客さんなんやけど」そこまで言って部屋のなかを振り向き、「なぁ、かまわんやろ」と小声で誰かに訊くようだった。妙な声がして、それから周さんは「花茶でも淹《い》れますさかい、どうぞ」とまた微笑んで言ったのである。

私は、もしや周さんの奥さんか他の家族でもいるのかと、期待に胸膨らませ、鼻の穴も膨らませつつ暗い階段を上っていったのだが、周さんが開けてくれたドアから顔を入れると、窓際に置かれたテーブルの上に、やけに姿勢の悪い猫のシルエットが見えたのである。

さあさ奥へ、と言われるままに奥へ進みながら、私はそれでも誰かいるんじゃないかと、狭い2DKの内部を眺めまわした。しかし殺風景な部屋には、ヌード写真のカレンダーが張ってある以外には、やはりその猫しか目を引く生き物はいないようだった。

周さんが台所で薬缶をしかけながら言った。

「ちょっとその猫はん、自信なくしてるんですわ」

「………ん？」

言われて注目すると、赤トラ模様の大きな猫はすぐに目を逸《そ》らし、落ち着きなく前肢の爪を伸ばしてそれを研ごうとするようだったが、テーブルで肢を滑らせて頤を打ち、今度は照れたように右後ろ肢で耳を掻こうとするもののちゃんと耳に届かず、宙を掻いたり頰をつついたりしているのだった。

二人で花茶を飲み、それから私は周さんが猫に宙返りや爪研ぎ、お尻の舐めかたまで懇切に指導するのを黙って眺めていた。つくづく猫の「もちまえ」の衰えを痛感すると同時に、私は自分の「もちまえ」とはなにかと考え込んでしまったのである。

第五章
禅的「無」の系譜

未だ天籟《てんらい》を聞かず

秋も深まり、サザンカのピンクの花が丘を彩る頃だった。私はいつものように周さんのアパートに遊びに行ったのだが、その日は両手に大きな板を抱えていた。周さんが喜んでくれるかどうか自信はなかったが、私は動物の整体院にもやはり看板があったほうがよかろうと思い、勝手に『天籟宮《てんらいきゅう》』と墨書してそれを持参したのだった。

「天籟」というのは、『荘子』「斉物論篇」の冒頭に出てくる重要な言葉である。簡単に云えば、「吾れ、我れを喪《わす》る」で登場した南郭子綦《なんかくしき》が、その後、弟子の子游に向かってかなり勿体ぶって言う。

「お前は目の付けどころはいいけど、人が音をだす簫《ふえ》（笛など楽器の音）や大地の簫

（風音）はともかくも、まだ天の籟というのは聴いたことはないんだろうなぁ」

「はい、ありません。是非お教えください」

じつに素直な子游に、南郭子綦は答える。「大地の吐く息が、風だ」、そう前置きし、その大地の起伏に風がぶつかることで出る地籟《ちらい》、また笛など人が吹くことで発する人籟《じんらい》を説き、さらに天籟については謎かけのような言葉を放ったのである。

夫《そ》れ万《よろず》の不同を吹きて、其《そ》れをして己れよりせしむ。咸《ことごと》く其れ自ら取るなり。怒《はげ》ます者は其れ誰ぞやと。

夫吹万不同、而使其自己也、咸其自取、怒者其誰邪。

つまり、さまざまに違った地形にぶつかることで風は別々な音をたてるが、それはべつに風が違った吹き方をしているわけではない。風は無心に吹くのだから、違った音は樹木や洞穴や丘などそれぞれが発していると思っていい。風音に限らず、命あるものは全てそのように自ら「もちまえ」を発揮するわけだが、いったいそれぞれに「もちまえ」を発揮させている風のような存在は誰だと思うかね？

街の南のはずれに住む子綦先生はそんなふうに問いかけたのである。

ふいに私は、やはり自分の「もちまえ」のことが気になっていたのだと、あらためて気づいた。そして、さまざまな動物がその「もちまえ」を取り戻す整体院には、どうしても「天籟宮」の名が相応《ふさわ》しいと、看板を横抱えしたまま自信を深めたのである。

天籟と禅的無

思えば坐忘も坐禅も、天籟に耳を澄ます時間である。天籟とは、地籟や人籟と別にあるのではなく、いわばそうした関係性をあるがままに受けとめる自己のなかの自然であろう。

仏陀の云う「縁起」は、同じ関係性による現象でも変化のほうに着目し、荘周の「天籟」はむしろそれでも現れる個別性のほうに注目したと云える。「咸く其れ自ら取るなり」というのは、結果の違いは個々の違いのせいだと云っているのである。ともあれ風がなければ如何なる音もしない。怒ます者が必要なのだ。さて関係することで響き合い、その「もちまえ」を発揮せしめる風のような者とは、何なのか。

それは「道」でもあり、「徳」でもあり、「一」でもあるだろう。『荘子』では「真宰《しんさい》」とか「造物者」など、時に人格的な表現もなされる。「在宥篇《ざいゆう》」に登場する鴻蒙《こうもう》(巨大でよく見えない)という人物なども、そういう意味での象徴だろう。結局それは

「自然」であり「渾沌」なのだ。天籟とは、だから自然のなかであらゆるものがそれぞれ「もちまえ」を発揮しながら関係しあう状況そのもの、と云えるだろうか。大切なのはそのとき、怒《はげ》ます風にも音を聞く自己にも人為としての「私」がないということだが、そんなことが果たして可能なのだろうか。
以前に触れた『臨済録』の「示衆《じしゅ》」には、次のような描写がある。

心法は形無くして十方に通貫す。眼に在っては見《けん》と曰《い》い、耳に在っては聞《もん》と曰い、鼻に在っては香を齅《か》ぎ、口に在っては談論し、手に在っては執捉《しっそく》し、足に在っては運奔《うんぽん》す。本《も》と是れ一精明、分かれて六和合と為る。一心既に無なれば、随所に解脱す。

まるで風がさまざまな地形でそれぞれ別な音をたてるように、心も形なく十方を貫いており、眼にはたらけば見ることになり、耳では聞くはたらきをする。鼻では齅ぐのだし、口では話すはたらきになる。手が何かをつかむのも、足が歩いたり走ったりするのも、結局は一心（＝一精明）が六種の感覚器官を通してはたらいているのだという。またその一心それ自身は「無」なのだと徹底するならば、何をしていてもそのまま解脱だというのである。

どうもこの理屈、あまりにも天籟に似ていないだろうか。

先の天籟における怒ます者が、ここでは風ではなく、より我が身に引きつけられ、心になっている。しかも風がなければ音はせず、心がなければ六根もはたらかないにもかかわらず、その風や心が「無」になり、相手方（さまざまな命や人間の身体器官）がそれぞれ「もちまえ」を発揮している状況が「天籟」と呼ばれ、また「解脱」と呼ばれるのである。解脱という、禅における最高の状態の表現にも『荘子』の言葉が使われたわけだが、言葉とともに、荘周の思想が色濃く沁み込んではいないだろうか。

無心ということ

強いて違いを云うなら、臨済禅師においては飽くまでもまず我が身に即した世界に限定しようとすることだろうか。

禅師は明らかに荘周の「真人《しんじん》」という表現を踏襲し、「上堂」では同じことを人格的に表現しようとする。「赤肉団上《しやくにくだんじよう》に一無位の真人《しんにん》有って、常に汝等諸人《しよにん》の面門より出入《しゆつにゆう》す。未だ証拠せざる者は看《み》よ看よ」という有名な一節がそれである。

要するに赤い肉の塊にすぎない我々の顔（眼鼻口＝面門）から、絶えず出たり入ったりしている何者かが「一無位の真人」であり、それをまだ見届けていない者は、さあ看よと迫る。おそらくそれをはっきり看ることこそ、禅の入門者の第一の関門である。

天籟を織りなす「無」の風から生まれた「無心」、あるいは禅的な「無」も、淵源を辿れば老子の「無為を為す」や荘周の種々の表現に行き着く。ここでは『荘子』「天地篇」の言葉を紹介しておこう。

故に其の万物と接するや、至無《しむ》にして其の求めに供し、時に騁《は》せてその宿を要《もと》め、大小長短脩遠、各々其具《おのおのそのぐ》を有《も》たしむ。

故其与万物接也、至無而供其求、時騁而要其宿、大小長短脩遠、各有其具。

だからそういう人（道を体得した盛徳の人）が万物と接する際には、自らはまったく「無」の境地にいて相手の求めを満たしてやり、時にはあちこち駆けまわって相手の落ちつく先を探してやり、各々がその「もちまえ」（＝具）を発揮できるようにしてやるのである。

ここでの主語、「其」は、仮に道を体得した人格として本文では「王徳の者」と表されているが、その内実は「至無」である。とことん無になった風が天籟を響かせるように、人間関係では至無の人こそ相手のもちまえを活かし、また無心こそが我々の身体器官をまっとうにはたらかせる。

世界の関係性としての天籟は、至無の体得による豊かな人間関係の響き合いにも当てはまり、臨済禅師は、さらにそれを自己の成立に関わる諸器官の統合の問題として、「一無位の真人」を措定して追求していくのである。

鈴木大拙《だいせつ》は禅の特徴を、一言でいえば「無心」だと云っているが（『日本的霊性』など）、それは遥か老荘からの伝統だと云えるだろう。『荘子』の同じく「天地篇」の初めには、「一に通じて万事畢《つ》き、無心得られて鬼神《きしん》服す（通於一而万事畢、無心得而鬼神服）」とあるが、その鬼神（神霊）も服従するような無心こそが禅の目指すものだ。いや、この部分は、「記に曰く」、つまり古文書の言葉として紹介されており、それは老子の語とも云われ、またむろん荘周お得意の「重言《じゅうげん》」に違いないが、ともかくそのような無心は、ずっと以前から脈々と相承されてきたものだと、荘周は言いたいのである。

「名」と「知」へのとらわれ

「なにしてまんのん？　そんな板もって、ややこしい顔して」

丘の上で急に周さんに声をかけられた。

「あ、周さん。……これ」

私は些《いささ》か自慢げに『天籟宮』の看板を地面に立ててみせた。晩秋の清らかな日射しが欅の木目を鮮やかに照らし、さほどうまくもない墨書もなかなかのものに見えた。

「これ、周さんの整体院の看板にと思って……」

今しもそう言おうとした矢先だった。周さんは白い道服のままスクワットしはじめ、「立派な看板ですな」と褒めておきながら、すぐに「旅館でも始めますんか」と言った。

「旅館、て」

私は絶句し、思わず木枯らしの中に立ちすくんだ。いや、風はまったくなかったのだが、そんな気分になったのである。

気を取り直し、私はそれが整体院の看板なのだと説明し、さらに「天籟」についての私の理解を語り、これこれこういう次第だからまさに整体院にぴったりではないか、と興奮気味に語った。

八の字に眉を寄せながらも穏やかな顔で聞いていた周さんは、ふいに眉根を解き、スクワットをやめて言った。

「ああ、そやったんや。……天籟なぁ。なつかしなぁ」

「ってでしょう。なつかしいでしょう。ピッタリでしょう」

私は思わず嬉しくなって看板を揺すっていた。しかしすぐにその動きもピタリと止まった。

「けどなぁ、ドーブツたち、字ぃ読めへんよ」

周さんが申し訳なさそうにそう呟いたのである。

「しかし飼い主が……」

「うちに来てる奴ら、みんな飼い主いいひんか、飼い主には内緒で来とるんよ」

「え」

そこまで言われ、ようやく私は『荘子』「人間世篇《じんかんせい》」の一節を憶いだした。たしか孔子が顔回に向かって説くのだが、「名」を求める名誉欲は相手をくじくもので、それは争いの器たる「知」（知識）同様、人間を不幸にする凶器のようなもの。けっして行ないを完全にするためのものではない、という話だった。

名なる者は相い軋《くじ》き、知なる者は争の器なり。二者は凶器にして行を尽くす所以《ゆえん》に非ざるなり。

名也者相軋也、知也者争之器也、二者凶器、非所以尽行也。

私は急に、手に持った看板を燃やしてしまいたい衝動に駆られた。それは「名」と「知」の見事に合体したものではないか。しかし恥じ入る私に周さんは莞爾《かんじ》と笑いかけ、看板に右手をかけて言った。

「ま、ドーブツは字ぃ読めへんのやし、掛けても掛けなくとも一緒なんやから、ほな、せっかくやし、掛けよか。あんじょう書いてくれはったんやし、なぁ」

「なぁ」と言われた相手が自分じゃないことに気づくまで、数秒を要した。看板に向かって話す周さんを見据え、看板を見つめ、また周さんに振り向き、それを数回繰り返してから、ようやく「宮」の文字にしなだれる百足《むかで》を発見したのである。

「不安神経症なんですわ、そのムカデ。足許を意識するとドキドキして歩けなくなるいうんや」

周さんは声をひそめてそう言い、それからムカデに屈み込んで「無理せんと乗りぃや」と手指を「宮」のウ冠の線に沿って突きだすのだった。

私はなんだか朦朧となり、遠くのサザンカを眺めていた。百足の不安神経症もショックだったが、自分がいかに看板を書いたアイディアと努力に囚われ、周囲が見えなかったか、またそれを察した周さんに慈悲をかけられていたことにも気づき、呆然としてしまったのである。

「無心」である自信をなくした私は、ピンクの視野がはたして本当にサザンカなのかどうかも、自信がもてなかった。

第六章
渾沌《こんとん》王子、登場

渾沌七竅《しちきょう》に死す

ピンクの花咲く丘の上で朦朧となり、『天籟宮』の看板を抱えたまま根深い自意識に打ち拉《ひし》がれていた私に、周さんが声をかけた。

「あ、紹介しとくわ」

振り向くと、周さんの横に奇妙な生き物が佇《たたず》んでいた。そういえば、周さんがスクワットしていたときも、その姿はあったような気がした。看板に気を取られ、自意識過剰だった私にはきちんとその存在が認識されていなかったのだろうか。

「治療の助手してくれてるコントンコーさんや」

「え、今東光？」

「ちゃいまんがな。ほら、『荘子』のなかで、渾沌が目鼻つけられて死んでまうやろ。あの、死んだ渾沌の子ぉや」

「ほぇ？　渾沌の、お子さんですか」

「っそ。渾沌王子やな。まぁワシが勝手にそう呼んどるんやけど、立派に渾沌としてはるやろ」

言われてよく見ると、なるほど目鼻耳口もなく、それどころか頭と体の区別もつかない薄茶色の生命体が、なにやらぼよぼよもやもやして看板の横に佇んでいた。幽《かす》かにぼよぼよ収縮して見えるのは、どうやら挨拶しているらしかった。

「こんにちは」思わず私もお辞儀しながら答えていた。

「せやせや、仲良うしたってや。こいつ、喋らへんし、見えへんし、聞こえもせえへんけどな、けどなんでも通じるし、わかってるから大丈夫やで」

「…………」

私は『荘子』「応帝王篇」の最後を飾る有名な渾沌王の物語を憶いだしていた。

南海の帝は儵《しゅく》といい、北海の帝が忽《こつ》、そして中央の帝が渾沌という名前だ。儵と忽とはときどき渾沌の土地で遇ったが、渾沌はとても手厚く彼らをもてなした。そこで儵と忽は日頃の渾沌の恩に報いようと相談し、「(我々)人間には誰にでも眼・耳・鼻・口という七つの穴(七竅《しちきよう》)があり、それで見たり聞いたり食べたり息したりして(充実した暮らしをして)いるのに、この渾沌にだけはそれがない。(可哀相だから)試しに穴をあけてあげよう」ということになった。そこで一日に一つずつ穴をあけていったが、七日経って全ての穴をあけおわると、渾沌は死んでしまったのである。

それだけの話なのだが、私はこれをむかし読んだとき、好意から一日一つずつ穴をあけ、それを七日続けたということは、一つあけるごとに渾沌は次第に元気になったのだと思い込んだ。もしかすると六つあけたとき、渾沌は最も元気だったのではないか、と。そうであるなら、たとえば眼が見えない人独特の耳のよさとか、嗅覚の発達とか、感覚器が一つダメになったときの神経細胞の再編成の問題にも重なる。使われなくなった視覚野の細胞が、聴覚や嗅覚など他の感覚の処理に使われ、そっちの機能が高まるというのである。

しかし落ちついて考えると、たぶんそういうことではあるまい。穴を一つあけるごとに慎重に渾沌を観察するような南北の帝ならば、儵や忽と名づけられることはなかっただろう。儵も忽もともに「迅速さ」というより「拙速さ」を意味する。どちらかと云えば、儵は半端な理知的分別による拙速さ、忽は「粗忽」とも云うように、感情的な偏りによる拙速さである。おそらく二人は、自らの思い込みに有頂天になったまま渾沌の変化を微細に観察することもなく、ただ一日一つと決めてしまったとおりに穴をあけつづけたのではないだろうか。

翻ってこれを我が身、我が命の問題として考えれば、拙速な分別や感情的な判断が、命そのもの、渾沌たる命の自然を殺してしまう、という命題なのだと気づく。禅の勧める「無分別」や臨済禅師のいう「求心《ぐしん》歇処《やむところ》即《すなわち》無事《ぶじ》」などの教えにそのまま繋がっていく主張と云えるだろう。私は看板を抱えて急ぎ周さんのところへ向かった自分を憶いだし、それは「忽」だったのだと思い知った。求心が歇まず、丘の上で周さんに遇っても看板にばかり思いが滞り、傍らの渾沌王子の姿さえ見えていなかった……。

全き生命

「また、なにむつかしいこと考えてんねん。王子が怯《おび》えとるで」

「あ、いや、すみません。ごめんね」

私がそう言って頭を掻くと、王子はまたぼよぼよと機嫌を直したように収縮した。むしろそれから私たちは、看板を草むらに置き、その上に坐っていろんな話をした。むろん話をしたのは私と周さんだけだが、周さんの横で渾沌王子は相変わらずぼよぼよ遊んでおり、百足がその渾沌の皮膚の上をなんとなく調子よさそうに這い回っていた。冬を前にした透明な日射しの美しさを、私はようやく感じはじめた。

周さんはしばらく百足の不安神経症の現状と治療法について熱心に話していたが、ふいに感慨深そうに言った。

「いや、じつはな、儂《わし》この渾沌王子と出逢って、そんで動物の整体はじめたんや。さっきは助手だなんて紹介したけど、むつかしい病気治すんはみんなこの子や。この子と戯れてるだけでカメレオンの統合失調症も治ったし、泥鰌《どじょう》のクル病も治ったんや」

「はぁ……。で、王子とは、大阪で?」

「っそ、えべっさんの縁日でたまたま遇《お》うてな」

「あぁ、えべっさんですか」

私は反復しつつ周さんの横顔を覗き込んだ。すると周さんもクルリと目線を寄越し、むふふと笑った。やっぱり……。私は気になっていたことを思いきって口に出してみた。

「この子は、いわゆる知的障害者、なんですか」

周さんは正面に向き直り、笑うでも怒るでもなく平静に答えた。

「そうも云うかもな。未熟、とも云う。けどな、……知そのものが慢性の障害なわけで、だからこの子は障害を免れた完全ないのちやで」

「……優しいですよね」

「ああ……」

周さんはそう答えると莞爾と笑い、「「物と春を為す」、やな」と呟いた。

それはたしか、「徳充符篇《とくじゅうふ》」で哀駘它《あいたいだ》の素晴らしさを述べた文中の表現だ。「皆を春のような和やかさで包んでしまう」というのは、まさしく渾沌王子についても云えそうだった。そこに見えた「才全《まった》し」とか「徳形《あら》われず」という褒め言葉も王子にこそお似合いではないか。才のままで欠けるところがない、おそらく彼もそういうことなのだろうし、徳がそこでの定義のように、平衡を保った水面よろしく「水の停《とど》まりの盛《せい》」であるならば、その心の徳は表面に表れないからこそ万物は慕い集まり、離れることができない……（徳の形われざる者は、物離るること能《あた》わざるなり）。私は百足ばかりでなく、オケラや守宮《やもり》まで王子のからだを這い回るのを眺めながら、そんなことを憶いだしていた。

「思えばえべっさんも、そうですよね。たしか恵比寿はもともと蛭子のことで、ヒルコですよね。イザナギとイザナミのうまくいかなかった子供でしょう。アマテラスさんの幻の兄弟ですよね」

「そやねん。儂も日本に行こかって、最初に思ったのはそれを知ったからや。こらあかん、いうんで、両親は海に流したわけやけど、気になって気になってしゃあない。それでとうとう神さんとして祀る、というか、ヒルコのほうもそのうち全能性を顕して海や航海の守り神になるわけや。そういう国なら行ってみよか、思ったわけやな。それに渾沌かて、『古事記』では出てけぇへんのに、『日本書紀』にはもうつこてるやろ。渾沌が陰陽に分離して天地になったって。ああこの国なら、思て来てみたんや。そしたら王子は先に来てたわけや。一月十日の縁日やったな。「笹もってコイ」いうてみんな浮かれてる横で、戎橋《えびすばし》ちかくの飾り物売ってる台の上にな、王子がのほほんと坐ってたんや」

「え、売られてたんですか？」

「いや、遊んでただけやろ」

「ああ……」

「ま、渾沌王子の思惑なんて、そら分かるもんやないけどな」

　二人で王子を見ると、彼も気づいたらしくまたぼよぼよと微笑むように震えた。その拍子に百足とオケラが勢いよく動き、じっと貼りついたままの守宮を飛び越えた。

「ああ、もう恢復してきたようやな。百足の足、もつれてへんやろ。まったく大したもんやで、王子は。最大の生命力いうか、慈悲とか愛いうてもええけどな、それをふんだんに発散してるんやろな」

なるほど、と私は思ったが、どうにも頭がはたらかず、言葉が出てこなかった。さっきまで朦朧としていた頭が今や渾沌としてきたようだったが、きっと悪いことじゃないのだろう。

「さ、帰ろか」

そう言って歩きだした周さんに随う渾沌王子、そして王子の項《うなじ》のあたりに貼りついた百足を見ながら、私も再び看板を抱えて歩きだした。もう一つ、私は「天地篇」に出てくる「渾沌氏」のことを訊きたいと思ったが、周さんだけでなく、王子の足取りもひどく速くて、従いていくだけで精一杯だった。

渾沌氏の術

孔子の弟子の子貢《しこう》があるとき南方の楚に旅した帰り、変わった老人が畑仕事をしているのに出くわす。なんと老人は、トンネルを掘ってその底の井戸まで下り、水甕に水を入れ、それを抱えて穴から出てきては畑に注いでいたのである。

あまりに非効率なことを憐れんだ子貢は、老人に「ハネツルベ」という水揚げのための便利な機械があることを告げ、それを使ったらどうかと勧める。すると老人はむっとして、それから笑い、自分の師匠から教わったことだといって次のように答える。「仕掛けからくり（機械）を用いる者は、必ずからくり事（機事）をするようになる。からくり事をする者は、必ずからくり心（機心）をめぐらすものだ。からくり心が芽生えると心の純白さがなくなり、そうなると精神も性《もちまえ》のはたらきも安定しなくなる。それが安定しなかったら、道を踏みはずすだろう。儂は「ハネツルベ」を知らないわけじゃない。ただ、恥ずかしいから使わんのじゃよ」

これを聞いた子貢はすっかり恥じ入り、追い返されて三十里も歩いてからようやく我に返った。いや、本人はそう思っているのだが、弟子から見れば、一日中我に返らなかったようなのである。

「愚」の如き老人の生き方には、明らかに師匠である孔子の効率主義に抗う主張があった。それに深く感じてしまった子貢は、弟子に向かって老人を「全徳の人」と讃えるのだ。「あの方は生をこの世にあずけて民衆と共に生き、どこに行くとも知らない」それはまさに渾沌王子のようではないか。また「あのような方は、自分の志に叶わなければ梃子《てこ》でも動かず、その心が望まなければ何事もしない。みんなに褒められて評判になっても超然としてとりあわず、逆に非難されて立場を失っても泰然として気にとめない」という。ある意味で頑固なまでのそうした自若ぶりも、じつは王子にも感じたものだった。

さすがに孔子。魯《ろ》に帰った子貢がその老人のことを訊ねると、それは「渾沌氏の術」を修めた人だと見破り、次のように述べる。

其の一を識《し》るも其の二を知らず、其の内を治むるも其の外を治めず。夫《か》の明白にして素に入り、無為にして朴《ぼく》に復《かえ》り、性を体し神《しん》を抱きて以て世俗の間に遊ぶ者は、（以下略）

識其一、而不知其二、治其内、而不治其外、夫明白入素、無為復朴、体性抱神、以遊世俗之間者、（以下略）

からくりと効率を否定する老人にも渾沌王子にも二元論は存在せず、儵や忽のような対外的な思惑もない。曇りなく澄みきって人為の加わらない本来の素朴さで、性を顕し自然な心のままで世間に遊ぶ。

孔子は、そんな「渾沌氏の術」は自分たちにはとても理解できない大変なものだとへりくだる。むろん『荘子』が勝手にへりくだらせたのである。

第七章
和して唱えず

荘周と政

外は雪が降っており、私は周さんの部屋でただぼんやりと餅を焼いていた。

火鉢には赤々と炭が熾《おこ》り、網の上にのせた餅が焼けるのを、私と周さんと渾沌王子で見つめている。三人で真剣に見つめるほどのモノでもないので、そこにはおのずから恬淡《てんたん》たる雰囲気が醸《かも》され、窓の明るさも相俟《あいま》って、部屋にはのんびりした明るい空気が満ちていたのである。

ときおり私か周さんが餅を裏返すと、渾沌王子がぽよぽよと嬉しがり、火鉢の側で赤トラ模様の猫が伸び上がって手を出そうとする。

「まだよ」

少しだけ毅然として周さんは言うのだが、すぐに手を引っ込める赤トラに悪いとでも思うのか、周さんはすぐにメロディをつけて「まだよ、まだなの、まだで〜すよ〜」と歌う。

赤トラは以前に猫としての自信をなくし、ここに通って爪研ぎや宙返り、そしてお尻の舐め方まで研修していたあの猫だ。見違えるほど元気になり、今日は雪なのに白い雌猫まで連れてきているのだった。

側におとなしく正座する雌猫への見栄もあるのだろう、「まだよ」と言われて引っ込めた手はそのまま顔を洗う仕草に移行させ、周さんが歌うともう一方の手もあげて後ろ肢だけで立ってみせたりした。

「やるやないか」

周さんが褒めるとなぜか白猫のほうが「な〜お」と鳴き、渾沌王子までがぼよぼよ震える。もしかすると、王子も両手を挙げて踊っているのかもしれないが、どうにも渾沌としていて分からなかった。

しばらくするとドアがノックされ、「郵便です」という声がした。

立ち上がった周さんに従いて猫たちも玄関に出ていく。猫を左右の腿にのせて周さんは大振りの封筒を開き、手紙を読んでいたが、すぐにくしゃくしゃと丸めて部屋の隅の瓢箪で出来た屑籠に放り投げた。が、入らなかったので、赤トラが走り寄ってじゃれた。

「なんです?」

すかさず私が訊くと、周さんもすかさず答えた。

「大したもんでもおまへんがな」

「……見てもいいですか」

「ああ、ええよ」

くしゃくしゃになったA4の紙を広げてみると、それは民自党の幹事長が主宰する「仁徳塾」の講師依頼状だった。他の講師の名前と日程が印刷されたものが二枚目にあり、その末尾には連絡先として秘書の電話番号やメイルアドレスなどが書かれていた。

「やっぱり、あきませんか、政治は」

「あきまへんなぁ。それに仁ではもうどうしようもおまへんな」

迷わず周さんは答え、それから箸で摘《つま》んだ餅を裏返すべきかどうか、真剣に迷っていた。

そういえば周さんは昔、楚の国の宰相になってくれるように頼まれ、断っている。その時の様子は『史記』の「老子韓非列伝」にも書かれているが、『荘子』「秋水篇」のほうが端的である。

陳の国に遊び、荘周は濮水《ぼくすい》という川で釣りをしていたのだが、そこに楚の威王の使いの大夫が二人で招聘《しょうへい》にやってきた。

「我が国のことすべてを、先生にお任せしたいのですが」

すると荘子は釣り竿を支えたまま、振り返りもせずに言った。

「聞けばお国では、三千年も前に死んだ亀を宝物として絹で包んで箱に入れ、神亀として大切に霊廟《おたまや》にお祀りしているそうじゃが、その亀さん、死んで甲羅をありがたがられるのと、生きながらえて泥の中で尻尾を曳《ひ》きずるのと、どっちがよかったんかねえ」

二人は口を揃えて言った。

「そりゃあやっぱり、生きて泥の中、でしょうなぁ」

「むふふ。お帰りいただきましょう。儂《わし》も生きて泥の中で尾っぽを曳きずってますわ」

泥の中で尻尾を曳きずる代わり、周さんは部屋の中で餅を箸でこねまわしていた。摘みあげた餅を醬油の皿へと運び、それをもう一度軽く焼いて、焼き海苔に包む。すっかり日本風の食べ方が気に入っているようだ。渾沌王子にそれを渡すと、王子はぼよぼよぼよぼよ震え続けた。喜んでゆっくり味わっているようだ。

哀駘它の人徳

私は前章でも出てきた哀駘它《あいたいだ》のことを急に憶いだした。そういえば彼も、魯の哀公に国政を任されかけて姿を消してしまった人物だ。

国政に関心がないだけでなく、哀駘它というのはじつに変わった人物だと思い、私はずっと気になっていたのだった。

「徳充符篇」によれば、魯の哀公が仲尼に訊く。「衛の国の哀駘它という男は、ひどく醜いらしいが、不思議なことに一緒に住むと男でも離れられなくなるらしいし、女などは彼を見ただけで「誰かの妻になるよりあの人の妾になりたい」なんて両親にねだる始末。そんな妾候補は十人単位じゃきかず、今も増えてるらしいじゃないか。そしてどうも彼は、自分の考えなど主張することもなくただ相手の話に同調するだけ

（未だ嘗《かつ》て其《そ》の唱《とな》うるを聞く者あらず、常に人に和するのみ＝和して唱えず）。人の死を救ってあげられる権力があるわけじゃなし、人の餓えを満たす財力があるわけでもない。ほんとに見た目も醜くて、知識だって国内のことに限られるらしいし、それなのにどうして……」

あ、そうだ。そのあとの文章の意味がよく解らないのだった。

且而《しか》も雌雄も前に合《あつ》まるは、是れ必ず人に異なる者あらん。

且而雌雄合乎前、是必有異乎人者也。

そんなふうなのに、「多くの男女がその前に集まってくるのは、これはきっと常人と違ったところが彼にあるのだろう」と金谷治氏は無難に訳しているが、たとえば福永光司氏はもっと露骨である。哀駘它には権力も財産も美貌も才智も、云ってみれば何の取り柄もないのに、不思議なのは彼の徳化力で、それは「人間のみならず自然の世界の鳥や獣にまで及んで、その雌と雄とが彼の前では平気で楽しみもつれあうという有様」だと訳している。

単に男女が集まってくるのと、目の前で雌雄がまぐわってしまうのではずいぶん意味合いが違う。人が集まるのは徳だろうが、鳥獣が目の前でまぐわってしまう安心も、やはり徳ゆえなのか……。いったいどっちなのか、私としてはやはり「合」という文字は合体だろう、などと思いつつ、A４の紙を握りしめながら考えていたのだが、ふと気がつくと餅が焼けてぷうっと膨らんでいた。

私はそれを摘んで醬油に浸け、海苔にはくるまずに赤トラに与えた。両手で押し頂くようにしながら口に運んだ赤トラだったが、熱かったのだろう、すぐに畳に落とし、すると白雌猫が落ちた餅に鼻を近づけた。

そんなとき、雄猫はいったいどう振る舞うべきなのだろう。好意的に見れば、きっと赤トラも人間と同じように、白雌に半分分けてあげようとしたのではないだろうか。しかしいかんせん、彼らは手を充分に使えない。分けようとして近づけた口なのか、独り占めしようと近づけた口なのか、分からないではないか。白雌は盗られると思ったのか、赤トラの頰に思わず知らず一撃を食らわせていた。

その一撃が赤トラにどう受けとめられたのか、これもまた謎だった。赤トラは白雌を一瞥すると、湯気をたてる餅に思いっきり齧りついた。熱い餅の破片が口蓋にくっついてしまった猫の行動を、あなたはご存じだろうか。

いや、そんなことを細かく描写する紙幅はここにはないので割愛するが、とにかくしばらく踊り狂った赤トラは、それで白雌の同情を得たわけでもあるまいが、しばらくするとまんまと白猫の背中に乗っていたのである。白猫の首に嚙りつき、中途半端にその口を開いて淫靡な声を漏らしていたことは云うまでもない。

猫たちのまぐわいを見ながら焼けた餅をはふはふ食べる。ほとんどまぐわいを気にするふうもなく、周さんは餅を焼いては食べ、また私や王子にも手渡してくれた。これじゃまるで哀駘它だと、私は餅をはふはふしながら感動していたのである。

徳あらわれず

まぐわいも収まり、腹も満たされたので、ようやく私は本題に戻った。

「政治への無関心は周さんの場合、哀駘它と同じでしょうけど、魯の哀公は結局彼を好きになって政治を一緒にやろうとしたのに、彼は姿を消してしまいますよね。その喪失感がうまく書けてますね、あの話」

「そうかなぁ」

「そうですよ。それで魯の哀公があの人はどういう人だったのかって孔子に訊くでしょう。孔子の答えがまたふるってますよね」

かいつまんで云えばそれはこういう話だ。孔子はたまたま楚に行ったとき、死んだ母豚の乳房を吸う子豚を見た。しかししばらくすると子豚たちはびくっとして逃げ出してしまった。それはもはや母豚が自分たちを見てくれず、同じ命だと感じられなかったからだと孔子は言う。子豚といえども母豚の外形ではなく、その命の本質を感じとっているというのだ。

孔子は他にも例を示しながら、結局のところ人はふつう形も大切にし、その形に合うモノも珍重するけれども、本当の徳、「才全し」という状態は、子豚が見抜いたような形ならざる本質だと言いたいのだろう。それは「和して唱えず」とも通じるものなのだ。

「だけど周さん、あの話、難しいですよね。「徳不形」、外側に形として表れないのが本当の徳だっていうことは、つまり徳のある人のようには見えないわけでしょう」

「むふふ」

「むふふって、まだ餅食べてるんですか。私にもくださいよ」

そう言って周さんの持った餅を奪ってしまってから、私はハッとした。「寓言篇」の老子と陽子居《ようしきよ》の物語を憶いだしてしまったのである。

陽子居が老子に教えを受けるまえは、宿屋の主人は陽子居に敷物を運び、その妻も手ぬぐいや櫛を持って行くなど、みなそれぞれに気を遣い、泊まり合わせた客たちまで陽子居に敷物を譲り、暖かい竈《かまど》の前の席を勧めたりしたものだが、しかし老子の教えを受けたあとは、これまでの畏怖や尊敬や気遣いではなく、ついには同宿の人々も陽子居と敷物を取り合うほどに親しくなったというのである。

敷物を取り合う……。餅を奪いあう……。べつに奪いあってはいないけれど、私に餅を奪われるなんて、まさに周さんの「徳不形」を証拠立てているようなものではないか。

目の前でまぐわいをされ、餅まで奪われる才全き人。やはりそれは周さんその人だったのだ。私は奪った餅を返すのもきまり悪く、赤トラと白雌に半分ずつ分けて与えた。しかし猫たちは火鉢の横で渾沌王子に寄りかかりながら丸まって寝ており、もう食べようとはしなかった。

「徳不形」は、禅の十牛図のなかではお悟りを示す一円相の後に来る。悟りくさい悟りでは、偉そうに見えた陽子居に過ぎないから、さらに「返本還源《へんぽんげんげん》」で悟り以前の世界に還り、最後の「入鄽垂手《にってんすいしゅ》」で庶民に同化し、哄笑しつつそれと気づかれない慈悲を示すのである。「空」に落ちついたのでは本当の「空」じゃないという「空即是空」も同じ考え方だろう。

明るく暖かな部屋で私が満足げに微笑んでいると、ふいに周さんが言った。

「宗久はん、餅のあとはなにか漬け物とか、ほしくなぁい？」

雪の中を自分の庵まで漬け物を取りに行きながら、私は自分こそ「和して唱えず」の人ではないかと、凍えながら恍惚としていた。

第八章
運《めぐ》りて積まず

ナムの鬱屈

春は名のみの風の寒さや、と周さんが歌っていた。私は小雪の舞い飛ぶ戸外からその声を聞き、独りなのかと思ってドアを開けたのだが、玄関からすぐの六畳の治療室には、周さんだけでなく渾沌王子と赤トラの猫がおり、中央の卓袱台《ちゃぶだい》のような治療台には、柴系の雑種に見える犬が背中を見せて蹲《うずくま》っている。周さんはまるでその犬を励ますように、高らかに『早春賦』を歌っていたのである。

「あれ？　ときどき遊びに来てたナムやないですか。どうかしたんですか？」

私がずいずい部屋に入っていって訊くと、周さんはちょうど「谷〜のう〜ぐい〜す」で盛り上がっていたため、些か不興そうに顔を顰《しか》めてから答えた。

「まぁ見てぇな、この脱毛」

言われたとおりナムの正面に廻ってその顔を覗くと、なるほど両耳の間あたりと、鼻の横に百円玉ほどのハゲがあった。思わず私が噴きだすと、ナムは情けない声で一声だけ吠えた。

周さんの説明によれば、最近飼い主が変わってしまったナムは、それだけでもストレスなのに、この新しい飼い主がどういうつもりか朝晩のエサの量を変えるらしい。エサはドッグフードを、計量カップで朝三杯、夕方は四杯というのが普通だったのに、時によって朝四杯、夕方三杯になるのはまだしも、場合によっては朝晩ともに三杯のこともあって、そのストレスが甚大でハゲまでできてしまったというのである。

いったいそれだけの内容を、ナムはどうやって周さんに伝えたのか、私は一瞬疑問に思ったが、深くは考えないことにして、ひとまずナムに同情の眼を向けつつ言った。

「まるで朝三暮四ですね」

それは『荘子』斉物論篇に出てくる有名な話で、宋の狙公《そこう》の飼っている猿が、トチの実を朝三つ、暮れに四つやったら怒ったので、朝四つ、暮れに三つにしたら大いに喜んだという馬鹿馬鹿しい話なのだが、私はそれを憶いだしたのである。

しかし周さんは頷かず、ちょっと深刻な顔で「いや、パブロフの犬やで」と呟いた。

「問題は、朝晩のエサの量やなくて、条件反射的な記憶やろ」

「え」

「朝三つやったら、夕方は四つを期待する。その期待が裏切られるから傷つくわけや」

「なるほど。しかしどうしてそれがパブロフなんです？」

「あれ？　パブロフの犬たちの末路、知らんの？」

「え、末路？」

なんでも、周さんによれば、パブロフはベルを鳴らしてエサを出す条件反射だけでは満足できなくなり、そのうちベルを鳴らしても三回に一回はエサを出さなかったり、二回に一回だけ出したり、いろいろ手を替え品を替えて実験を繰り返すうちに、犬たちが狂ってしまったのだという。いったい周さんがどうして帝政ロシアの生理学者、イワン・ペトローヴィッチ・パブロフを知っているのか疑問だったが、また考えないことにした。

「ほえ～、そりゃあえらいこっちゃ」

私が大袈裟に驚いてみせると、赤トラが渾沌王子に向かってなにやらニャーニャー喋りだした。王子は全身を赤トラに寄せてぼよぼよ震えながら聞いていたが、それを見ていた周さんがパチンと手を拍った。

「せやせや。そういうこっちゃな」

「え。今の猫語、わかったんですか?」

「ああ、王子のぼよぼよ具合で、最近たいていの動物の言うことはわかるようになってん。こいつ、凄い奴やで」

「こいつ凄い奴って、その渾沌としたサインを読み取る周さんもたいしたもんじゃないですか」

「そっかな。まぁそれはともかく……」

渾沌王子という通訳システムを知り、さっきのナムの状況説明の疑問は解けたのだが、そんなことより問題は赤トラが何を言い、周さんはいったい何に「せやせや」と同意したのかである。

記憶しない、意志しない

周さんによれば、赤トラは「朝のエサの量など、覚えていない」「自分は常に現場主義で、目の前のエサ以外のことは考えない」と言ったらしい。

「ほう、猫の現場主義、ねぇ」

感心したように言うと、赤トラは誇らしげに猫背を少し伸ばした。

「要するに、犬より猫のほうが記憶力がないっていうだけの問題にも思えるんですけど」

私がそう言うと、赤トラは徐《おもむ》ろにお尻を舐めだした。意味がまったく解らなかったが、たぶんたまたまお尻が痒かっただけなのだろう。きっと今はお尻のことしか考えていないのだ。しばらくの妙な沈黙のあとで、周さんが言った。

「いや、覚えてないってのは、偉大なことやで。運《めぐ》りて積まず、や」

「……おお」

私は二秒ほど措いて感動の声を漏らした。感動したのは、運りて積まず、という天道篇冒頭の言葉が感慨深く味わい直せたからだが、二秒遅れたのは、それも覚えていたからこそ可能だったのではないか、と思い、感動するのを躊躇《ためら》ってしまったのである。ともあれ……。


天道は運りて積む所なし、故に万物成る。帝道は運りて積む所なし、故に天下帰す。聖道は運りて積む所なし、故に海内《かいだい》服す。

天道運而無所積、故万物成、帝道運而無所積、故天下帰、聖道運而無所積、故海内服。

天の道とか帝道、あるいは聖道と分けてはいるが、要するに政治に関わっても関わらなくても、「運りて積む所なし」という自然の変化に任せきった在り方こそが尊いというのだろう。積む、というのは心の問題として捉えれば「記憶」ということか……。記憶だけでなく、意志も感じる。

念入りなことにこの文章は、「聖人の静なるは、静なることは善なりと曰うが故に静なるには非ざるなり」と続く。やはり記憶して意志することの全体が否定されているのだ。

運りて積まず。それは仏教の「諸行無常」にあまりに似てはいないか。諸行無常の場合は世界に対する認識だけだが、運りて積まずは自ら無常であろうという生き方でもある。

また私は、六祖慧《え》能《のう》がその言葉を聞いて禅を修するきっかけになったという『金剛般若経』の一節、「応無所住而生其《おうむしょじゅうにしょうご》心《しん》」も憶いだした。応《まさ》に住する所無くして其の心を生ずべし、つまり何にもこだわる（＝住する）ことがなくなったとき、本当に活き活きした心が生ずるというのだが、これこそまさに「運りて積まず」ではないか。

成心を奉らない

荘周と同時代の儒家である孟子《もうし》などは、「恒産無ければ恒心無し」と言い、とにかくコンスタントな心の在り方を恒心として肯定する。しかし荘周や禅は、そんなものは心の停滞としか見ない。そういえば『荘子』斉物論篇には「成心《せいしん》」という言葉で是非善悪の出所としての恒常的な心が否定されている。

夫れ其の成心に随《したが》いてこれを師とすれば、誰か独り且《は》た師なからん。
夫随其成心而師之、誰独且無師乎。

つまり人はその場の状況のなかで出来てくる心にこそ随うべきで、それ以前になにか固定的な心（成心）を作り、それを師匠のように崇めるからおかしなことになる。「愚者も与《とも》にこれ有り」、愚か者だって善し悪しの評価はするのだから、そんな「成心」を奉ってはいけない……。そうか、ナムの成心が、予断を生み、そして裏切られてハゲてしまったのか……。
「またむつかしいこと、考えてるかな?」

周さんがそう言って笑いかけ、そしてまた『早春賦』を歌いだした。

春は名のみの風の寒さや
谷の鶯　歌は思えど
時にあらずと　声も立てず
時にあらずと　声も立てず

そこまで歌うと、周さんは「辛いやろ、この歌」と言って向き直った。
「なまじ春やと思い込んだから、風の寒さがひときわ身にしみるねん。歌、思いながら声も立てずに我慢してるなんて、晩飯はまだかって待ってる夕方のナムみたいなもんや。なぁ」
そうか、周さんはドッグフードの不規則さに耐えるナムのために『早春賦』を歌っていたのか。

氷解け去り葦は角《つの》ぐむ
さては時ぞと　思うあやにく

今日も昨日も　雪の空
今日も昨日も　雪の空

「ほらな、可哀そやろ。思うあやにくやで。もう春か、夕飯の時間かと思うあやにくや。な～んも思わんこっちゃ、それしかない。赤トラの言うとおりや、ナム。予断は捨てなあかん」

鏡の如く

見ると渾沌王子も赤トラも周さんと手を繋ぎ、揺れながら歌っている。これはもしかすると治療行為なのだろうか。思わず私も王子と周さんの間に割って入り、一緒に歌った。

春と聞かねば知らでありしを
聞けば急《せ》かるる　胸の思《おも》いを
いかにせよとの　この頃か
いかにせよとの　この頃か

周さんのヴィブラートのきいた声が狭い室内に響き、そこにたどたどしい自分の声と渾沌とした発音の王子の声、そして赤トラの鳴き声が微妙に絡まる。「胸の思いを」あたりからはナムの遠吠えもそれに重なり、ラストではナムが立ち上がり、メロディに合わせて吠えた。

「おう、元気になったか」

周さんはそう言って輪を離れ、隣の部屋に行くと、大きな丸い鏡を持ってきてナムの前に置いた。ナムは突然の犬の出現に一瞬吠えかかったが、ハゲを見つけたのか、おもろそうに笑った。鏡の中の犬もハゲた顔で笑った。

「ま、それがお前や。それ以上でも、以下でもない。愛嬌のある顔やないか。だけどお前、もうそんな飼い主のとこ、帰らんとき。ここ住んだらええがな」

私は意外な展開に呆れながら、一方では鏡の偉大さに感じ入っていた。天道篇の「運りて積まず」の後には、聖人の心の静けさが意志して目指したものではなく、心騒がすものが何もないからだと述べられ、鏡に喩《たと》えられる。

映したものすべてを運りて積まないからこそ、鏡はすべてを映せる。善悪も判断せず、好悪も思わないから、何を映しても徹底して静かなのである。

思えば鏡という道具は道教とともに日本に将来された。それを神道は神器に加え、仏教は「大圓鏡智《だいえんきょうち》」と智慧に喩えた。

鏡の中には呆然と立ち尽くす私と、元気になったナムのハゲ頭がくっきり映っている。

春は名のみの、吹雪の日の出来事であった。

第九章
デクノボーと「ご神木」

無用の用

『荘子』には、いわゆる「無用の用」でまとめられそうな物語があちこちに出てくる。最初はやはり逍遥遊篇の瓢《ひさご》や樗《おうち》の木の話だろう。当時の名家つまり論理学派に属する恵施《けいし》（＝恵子）との対話として登場するのだが、この恵施、『荘子』ぜんたいに十数回も登場している。実際に親交もあり、なかなか複雑微妙な間柄だったようだ。

さてまず瓢の話だが、恵施が魏王から種をもらって瓢簞を育てたところ、なんと五石も入るほどの巨大な実がなり、飲み物を飲もうとしても重くて持ち上がらず、二つに割って柄杓《ひしゃく》にしようとしたら浅くて汲めない。大きいばかりで何の役にも立たないので、捨ててしまったというのである。

荘周は「まったく君は大きいものが使いこなせない奴だな」と嘆き、あれこれ言ってから、「大きな川や湖にでも浮かべて、その瓢で舟遊びでもすればいいじゃないか」と皮肉な提言をしている。

樗の木も恵施の家にあるというのだが、これも巨大で、瘤だらけの幹には墨縄も当てられない。小枝も曲がりくねって差し金が当てられない。要するに大工が建材に使えないというわけだが、それは恵施が荘周の物言いを批判するための喩えでもあった。つまり荘周の話は、樗のように巨大なばかりでとりとめがなく、役に立たないじゃないかというのである。

それに対して荘周は、山猫や鼬《いたち》や巨大な牛をもちだして返答する。山猫や鼬はネズミを獲るが、その能力のために罠にかかって死ぬことも多い。しかし巨大な牛は、ネズミは獲らないが罠にもかからない。役に立たないからこそ長生きできるのだ。巨大で長生きの樗の木も、その下で昼寝でもすればいいだろうと嘯《うそぶ》くのである。

ちなみにここに登場する巨大で役に立たない樗と牛とから、高山樗牛《ちょぎゅう》はペンネームをつけた。また樗牛ともに、『老子』第二十三章（旧二十二章）の「曲なれば則《すなわ》ち全《まった》し」を敷衍した物語に違いない。老子もすでに、曲がりくねった木のように役立たずであればこそ寿命を全うできると述べている。いずれにしてもここで荘周は、どうして君はそういう近視眼的な「用」のことしか考えられないのかと、恵施を批判しているのである。

同じような大木の話が、人間世篇では大工の石《せき》（匠石）とその弟子の物語として語られる。ここでは樗ではなく櫟《くぬぎ》である。無用のものを「樗櫟《ちょれき》」と謂うのはこの二つの話から来ている。

無用から大用へ

大工の親方である石さんが、あるとき弟子を連れて斉の国を旅したところ、とてつもなく巨大な櫟の木を見た。神社のご神木であるその木は、なんと数千頭の牛を覆い隠すほど大きく、幹の太さは百かかえもあり、高さは山をも臨むほどだった。一番下の枝が地上数十メートルのところから四方に伸び、その枝でさえ舟を造るのに充分な太さ。それが十本以上幹から出ていたというのである。

まあ、こういうとてつもない話を書かせると、荘周の筆は異様に活き活きしてくる。で、その木の下は見物人で賑わっていたらしいのだが、どういうわけか大工の親方は、黙ってすたすた通り過ぎ、振り返ることもない。つくづく感動して木を見上げていた弟子は、やがて追いつき、親方に無関心の理由を訊ねる。こんな凄い木なのに、どうして、と。

　すると親方が答える。

「つまらんことを言うな。あれは役立たずの木なんだ。舟を造れば沈むし、棺桶を作ればすぐに腐る。家具にしても壊れやすいし、建具にすれば脂が流れ出す。柱にすればすぐに虫が入るという、どうしようもない木なんだ。役立たずの木だからこそ、あんな大木になるまで長生きできたんだ」

　ここまでは、さっきの樗とほぼ同じ理屈で、「曲則全」の延長である。大工の棟梁とすれば、役立たずの木に興味がもてなくとも仕方ないというものだろう。しかし荘周はそれでも親方を責め立てる。旅から帰ると、親方の夢に例の櫟が現れたというのである。

「お前はいったい、俺を何と比べてるんだい。お前の役に立つ、綺麗な建材になる木と比べてるんだろうなぁ。柤《こぼけ》や梨、蜜柑に柚《ゆず》、そういう実のなる木は、実ができるとむしり取られ、もぎ取られるために、大枝は折られ、小枝は引きちぎられる。これは、人の役に立つことで却って自分の身を苦しめているわけだろう。つまり寿命を全うできずに若死にするわけさ。進んで世俗に打ちのめされている。世の中って、そういうものだろう」

「そこで俺は、長いこと役立たずになることを願ってきた。その結果、大木になれたのだ。無用であることが、大木になるには有用だったってことだ。もし俺が、役に立つ木だったらこんなに大きくはなれなかっただろうさ」

ここで「無用」は一気に「大用」に転換する。そしてさらに櫟は、夢の中で「用」の本質に踏み込むのである。

「なぁ親方よ、お前も俺も、物には違いない。どうして物どうしが、相手を評価できるんだ。お前も長く生きてきたんだし、今や役立たずの部類だろう。同じ役立たずだが、俺のこと、ちゃんと分かってるか」

用から遊へ

櫟の陰にいる荘周の主張をまとめてみよう。

まず役に立つ、立たないという見方も浅薄だが、世間がどうしてもそういうものである以上、世間的には「役立たず」を目指せ、ということだろう。自ら進んで世俗の価値に打ちのめされるのは、もういい加減にしたらどうかというのである。

ご神木の櫟は、長いこと役立たずになりたいと願ってきたという。普通はしかしそんなことは思えない。若いときは「有為な青年」などと誉められて喜ぶ。しかし世間的な価値観に見切りをつける年頃になると、ようやく「無為」という価値のあることに気づく。荘周は、老子の提出した「無為」を、より具体的に描きだすのである。

いろは歌には「有為《うゐ》の奥山けふ越えて」と歌われるが、その行く先は、死だけでなく、本来は「有為」と反対の「無為」の世界である。経典中の「仏」が当初「無為」と訳されたのも、「解脱」のイメージが「無為自然」に重なったからだ。

ただ荘周は、「無為」を死後、あるいは論理上の世界とは思っていない。たとえば「役立たず」と見える巨大な瓢や櫟にしても、舟遊びや昼寝という「遊」に伴うなら、「無為を為す」老子の理想が実現できるではないかというのだ。

「遊」はもともと「神」しか主語にできない動詞だったようだが、人間にも「用」から「遊」に復帰せよ、価値転換せよと迫っているのだろう。

禅においては、この「役立たず」や「遊」がはっきりと肯定されている。「把不住《はふじゆう》」、つまり把《つか》まえきれないというのも、『論語』の「君子は器ならず」に似て、何の役に立つのか、大きすぎて見当がつかないのである。また老年の「役立たず」については「松老い雲閑《しず》か」などの禅語にも示されよう。老いた松は、曲がりくねっていてむろん建材にもならない。しかしだからこそ、若いときには邪魔になった煩悩の雲も、今や生命の自然な表れとして閑かな気持ちで眺められる。これこそ幼時のみ知っていた懐かしい「遊」の境地ではないだろうか。

「閑古錐《かんこすい》」などという禅語もあり、これは古くなって先の丸まった錐《きり》のようだと、老僧を誉める言葉だ。これだって世間的な「役立たず」を逆手にとっている。先の丸い錐は明らかに「役立たず」ではあるが、人を傷つけない穏やかな境涯ではないか。穿《うが》って言えば、役立たずになる覚悟がないと、「遊」べないということだろう。

是非を説かない

先ほどの匠石と弟子の話に戻ろう。そこに含まれるもう一つの問題は、夢の中のご神木の櫟が言うように、物どうしで果たして相手を評価できるのか、ということだ。

夢の冒頭、櫟は「お前はいったい、俺を何と比べてるんだい（女将《なんじは》た悪《なに》にか予《わ》れを比するや）」と問いかける。つまり荘周は、物どうしは本来評価などできるはずもなく、人はただ無理に何かと比較して勝手な是非善悪を判断しているに過ぎないと主張する。いや、「和して唱えず」の人だから、むろん主張などしないのだが、そう読み取れるのだ。

そしてこの考え方も明らかに禅に受け継がれる。

禅に於いては「分別」は殆んど「妄想」と同意語だ。分別を捨て、無分別になれと勧める。「来たって是非を説く人、即ち是れ是非の人」というのは、是非を言う人への完璧な否定であり、所詮、その程度の人だというのである。

このような認識の延長線上に、「柳は緑　花は紅《くれない》」という価値観が結実する。役に立つも立たないも、善いも悪いもなく、ただ二つの物の素晴らしさだけが並び置かれている。

批判しようと思って見れば、むろんそんなふうには見えない。要は瓢も牛も樗も櫟も、その素晴らしさを看取る眼差しで看よと、荘周は言いたいのである。

ところでさっきの大工の親方の夢だが、続きがある。目覚めて弟子にその話をすると、弟子は訝しむ。

「自分から進んで無用の存在になりたかったのなら、どうしてご神木なんかになったんでしょうね」

「しっ、滅多なことを言うもんじゃない。内緒だがな、じつはご神木が名誉だなんて、あの櫟だって思っちゃいないんだ。ご神木になっておけば、デクノボーなんて悪口も言われずに済むだろう。余計な辱めや非難を受けなくてもいいじゃないか」

すっかり夢の中で櫟に説得された親方はそう答えるのである。

かくして荘周にとっては、「無為」や「無用の用」こそ帝王（ご神木）の徳であり、「有為」は臣下や官吏たちの在り方になるのである。

天道篇には「帝王の徳は、天地を以て宗《そう》と為《な》し、道徳を以て主と為し、無為を以て常と為す」とある。さらにそれは「無為なれば、則ち天下を用いて余りあり、有為なれば、則ち天下に用い為《ら》れて足らず」と続く。無為ならば、天下を用い、動かしてもまだ余裕がある。有為だと、どうしても用いられる立場、動かされる側になるが、それでも充分なことはできないというのである。

棄てる物なし

「お～い、宗久はん、どないしたんや、あんまり長く考えたらや～よ」

「え」

「え、やおませんがな、はよ～きってや」

周さんに言われて気づくと、私はどうも花札を持ったまま長考するうちに「無用の用」のことを考えていたらしかった。相手は周さんと渾沌王子で、ナムと赤トラは窓際でサイコロにじゃれて遊んでいた。

「あ、すいません、いや、難しい手で」

手札を見ると、三光ができそうだった。松に鶴、桜に幕に、芒《すすき》に月。あ、憶いだした。芒に月の絵柄を見ながら、なぜこれを「坊主」と呼ぶのかと考えているうちに、いきなり考え事モードに突入していったのだ。私は何はともあれ萩のカス札を切った。

「合札なしなんやな、可哀相に。はい、次は王子」

渾沌はぼよぼよと悩んでいた。ルールを覚えていないのかもしれない。しかし私も、なぜにカス札などと呼ぶのか、また悩み始めていた。「聖朝に棄物無し」。用いる者に裁量があれば、カスなどないはずではないか。それなのにカスは一点……、坊主は二十点……。

「あああああ、もうやめよ」

周さんはとうとう耐えきれなくなって手札を放り投げた。

「あかんわ。考え事したり、ルール覚えてへん人とは遊べへんで」

ふと窓際を見ると、ナムと赤トラはルールもなさそうにサイコロで遊び続けていた。周さんはさっさと彼らのほうに行き、サイコロを奪うと、独りでチンチロリンを始めた。

桜まだき初春の昼下がりの、無聊《ぶりよう》なるひとときであった。

第十章
道は屎溺《しにょう》にあり

道はすべての物にゆきわたる

前章は、役立たずに見えるほど巨大で茫洋としたものの話だった。一見無用とも思える巨大な瓢《ひさご》やご神木の櫟《くぬぎ》だが、じつは無為なる「遊」の境地から見直せば最高に楽しめる。それこそ為政者の「道」にも相応しい境地ではないか、ということだったと思う。

しかし荘周は、そのような巨大なものばかりでなく、誰も顧みない一見卑小とも思えるところにも道はあると言う。『荘子』知《ち》北遊《ほくゆう》篇には東郭子《とうかくし》との以下の問答がある。

東郭子が荘周に訊ねる。

「いわゆる道というのは、どこにあるのでしょう」。すると荘子は「どこにでもあるよ（在らざる所なし）」と答える。

東「具体的に言ってほしいな」（期《かぎ》りて而《しか》る後に可なり）

荘「じゃあ螻《けら》（オケラ）とか蟻《あり》かな」

東「ずいぶん下等なんだね」

荘「稊稗《いぬびえ》にもあるよ」

東「もっと下等じゃないか」

荘「瓦や甓《しきがわら》にだってあるよ」

東「まいったなぁ」

荘「屎溺《しにょう》にもある」

あまりのことに東郭子は黙ってしまうが、荘周は続いて質問じたいが本質を突いていないことを批判し、道は物があるかぎりどこにでもあるのだから限定的に見てはいけないと述べる（「汝《なんじ》、唯必《ただひつ》すること莫《な》かれ。物より逃るることなければなり」）。至道とか大言というのも同じことで、要するにその特徴は「周」「偏」「咸」、つまり「あまねく」「ことごとく」だというのである。

ここで注意を要するのは、道は常に具体を離れず、あらゆる物に「あまねく」「ことごとく」行きわたっているのだが、荘周はあくまでも具体を述べているということである。むろん「在らざる所なし」と言って東郭子がわかってくれれば問題はなかったのかもしれないが、ともするとそれは抽象的な議論になる。「物より逃るることなし」という道の具体性こそ、はっきりした荘周の主張なのである。

前章では巨大すぎてわけのわからないものを肯定し、それをきちんと見極められない我々の分別が否定されたわけだが、ここでは世間で云う卑小な、軽蔑すべきものがとことん掬《すく》い上げられる。むろんそれによってここでも我々の常識的な分別が揶揄《やゆ》されるのである。

思えば荘周は、足きりの刑にあった罪人や背中に巨大な瘤のある人などもよく聖人の如き達道の人に仕立てあげる。やはり精神の自由を賞揚する荘周にしてみれば、人間の分別はどうしようもなく哄笑すべきものなのだろう。ここでは稗や瓦や屎溺を嗤う東郭子の分別が逆に嘲笑されている。

『老子』第十九章には「聖《せい》を絶ち智を棄《す》つれば、民の利は百倍せん」とあるが、聖俗、浄不浄などと分別する智こそが、民を道から遠ざけるのである。

禅者たちの道

同じように分別をやめ、安心することを説いたのが禅宗の初祖、菩提達磨であった。しかし達磨は哄笑するのではなく、ひたすら壁のようになって観ずることを勧めた。宗密《しゅうみつ》の『禅源諸詮集都序《ぜんげんしょせんしゅうとじょ》』によれば次のようである。

ダルマは壁観によって人々に心を落ち着かせて、こう言った。「外に諸縁を止め、内に心が喘がぬこと、心は牆壁《しょうへき》のようになって、はじめて道に入ることができる」と。

達磨の著書とされる敦煌本『二入四行論《ににゅうしぎょうろん》』には『老子』の書名も明記されている。壁観の最終目的が「道に入る」こととされ、壁観は即ち「無為に入る」行とも捉えられている。これは禅の初期における『老子』とのかなり重要な混淆ではないだろうか。同書にはまた『荘子』在宥篇の「大物」という言葉も用いられ、また別な箇所には次のような問答がある。

問「有余涅槃《うよねはん》に目覚め、羅漢《らかん》の果を得た人は、覚者でしょうか」
答「目覚めた夢をみただけだ」
問「六波羅蜜《ろくはらみつ》を修め、十地の行と諸善万行を満足して、一切法の不生不滅《ふしょうふめつ》なるに目覚め、覚知のところにもとどまらず、意識分別のないところ、これこそ覚の境地でしょうか」
答「やはり夢にすぎぬ」

問答はまだ続くのだが、要するに心がなにがしかの判断を下している状態はすべて「夢」とされる。意識や分別はたった「今」を対象にしていない以上、「夢」なのだ。荘子は「大覚ありて、而《しか》る後に此れ其の大夢なるを知る」（斉物論篇）と言うが、初期の禅者たちの抱く正覚のイメージは、とにかく妄想分別から覚め、憂いのない「大覚」という状態なのであった。

禅はやがて唐代の六祖慧能以後、さらに中国色をはっきりさせていく。荘子の影響もより色濃くなっていくと云っていいだろう。なにより作者不詳の『六祖壇経《ろくそだんぎょう》』における慧能の出自の描写に、それが感じられる。

同経によれば、頓悟禅《とんごぜん》の開祖と崇められる慧能が、嶺南人《れいなんじん》で獦獠《かつろう》で、しかも読み書きのできない人として描かれている。嶺南人で獦獠というのがどういった差別感情を招く存在なのか詳しくはわからないが、中華思想の中心から見れば明らかに被差別の民だろう。獦獠には「けものへん」までついている。不詳の作者の「むふふ」という嗤《わら》いが聞こえそうだ。

またその後、南宗禅は南岳懐譲《なんがくえじよう》、馬祖道一《ばそどういつ》へと受け継がれるが、この馬祖に至って禅は徹底して冒頭の問答の如き日常の事柄に密着する。馬祖以後の禅者に特徴的なのが「著衣喫飯《じやくえきつぱん》、屙屎送尿《あしそうによう》」という言葉だ。要するに人間は、服を着て飯を食べ糞尿を排出する存在にすぎない。臨済禅師が「随処に主と作《な》れ」と言うのも食事や排泄の場を含んでのことだし、馬祖の「平常心是道《びようじようしんこれどう》」も道が日常の生活から離れないという強い信念を映している。「喫茶去《きつさこ》」で知られる趙州《じようしゆう》和尚もあくまでも喫茶という日常的な繰り返しのなかに仏道を見据えようとした。

そして唐末五代の雲門文偃《うんもんぶんえん》に至ってとうとう『荘子』そっくりの問答が出てくる。「如何なるかこれ仏」と問われた雲門和尚は、なんと「乾屎橛《かんしけつ》」と答える。乾屎橛とは、「糞かきべら」と昔は云ったものだが、最近では乾いて棒状に固まった糞そのものだという説もある。どっちでもいいが、道は屎溺《しによう》に在りという荘周の卓見が、とうとう禅において「仏は乾屎橛」という珠玉の一句として実を結んだのである。なんという麗しい回帰の瞬間であったことだろう。

『荘子』斉物論篇には「天下、秋豪《しゅうごう》（毫）の末より大なるは莫《な》く、而して大（泰）山を小と為す」という倒錯した見解が綴られる。秋になって密生する獣の毛先は小さいものの典型のようだがそれより大きいものはなく、また誰もが大きいと考える泰山は小さいじゃないかというのである。大小も浄不浄も聖俗も、人間の勝手な相対的分別に過ぎない。荘周はすべての物を物たらしめる道の立場から、そんな分別の無意味なことを告げているのである。

自信回復

私はじつは周さんの家のトイレを借りながらつらつらそんなことを思っていた。

その日は晴れていて気持ちよく、開け放ったトイレの窓からは梅の香りが漂ってきた。「ああ、道はやっぱり著衣喫飯、屙屎送尿だなぁ」などと思いつつ、トイレを出ると私は思わず赤トラとナムの尻を見直していた。ナムの百円ハゲはすっかり治り、よく見ると二匹とも尻尾をくるりと上げ、肛門を丸見えにさせている。そんな彼らの生き方が、ひどく潔いものに思えてしみじみ感動してしまったのである。

赤トラとナムは周さんの近くに渾沌王子と並んで立ち、治療台の上のヤギを見上げていた。今日は久しぶりの患者で、もう八歳にもなるという雄のヤギが、夜尿症に悩んで訪ねてきたのだった。

「宗久はん、こいつやっぱり自信喪失やわ」

トイレから出た私のほうに振り向き、周さんはヤギの頭を撫でながら言った。なんでも王子の翻訳によれば、趣味でヤギを飼っている飼い主に乳が出ないことを批判され、雄が乳を出せないのは当然なのに、ならば雄のヤギにはいったい何の価値があるのかと悩み、とうとうその悩みゆえに気力が弱まって夜尿症になってしまったというのだ。

「自信が回復すれば、夜尿症も治りまっせ」

そう周さんは言ったが、私はそうは思わなかった。

「夜尿症が治らなかったら自信も回復しないんじゃないですか」

じつは私も十歳くらいまで夜尿症が治らなかった。臨海学校での不安な一夜の記憶が瞬時に甦ったのである。

「いや、自信回復が先や」

しかし周さんはなおも自信たっぷりに言った。

「どうやって自信を回復するんです？」

私も食い下がった。

「だ～から、回復しちゃえばいいんでしょう」

周さんは分からず屋に見切りをつけるように、ヤギの肩を叩き、渾沌王子を従えて外に出て行った。赤トラやナムも肛門を見せてそれに続き、外の広場でなにやらヤギに教えはじめたのである。

梅花薫る広場で繰り広げられたのは、まず鳴き方の指導だった。

「普通に鳴いてみ」

周さんが言うと、ヤギはしばらく恥ずかしがっていたが、やがて思春期の男が本気で泣いているような声を出した。

「わあああああああああああ」

「あかんわ、それ。……泣き叫んでるみたいや。……最後のほうだけ口締めて、「う」を入れてみたらどや」

緊張して咳き込んでいたヤギが、一分後くらいにようやく鳴いた。

「わああああああああうううう」

「うん。しまりがでたな。次は笑い方や。儂《わし》の真似してみ。……めっへっへ」

「めっひっひ」

「そやない。胸を張って、もっと口開いて偉そうに、めっへへっへ、や」

続いて周さんは自信ありげな歩き方と撫で肩のいからせかたを伝授し、最後に垂れた尻尾をピンと上げるよう、腰の入れ方を指導した。

すでに見違えるように自信ありげに見えていたヤギは、やたらと辺りの草を食べ、「わあああああああうううう」「めっへへっへ」を繰り返しつつ快調そうな丸い便をし、勢いよく走尿した。その後、ヤギの下腹部に渾沌王子がすっと入り込んでじっとしたまま動かなくなった。たぶん充電器のようにヤギの下腹部に「氣」を充填しているのだろう。王子はいつものぽよぽよよりもっと小刻みに震えていた。

「どや、自信はついたか?」

「めっへっへ」

「だいたいなぁ、あんたのその顎鬚《あごひげ》、面長な顔もそうやけど、項羽に似てるんとちゃうか。立派やで。なに考えてるかわからんそのクールそうな眼もええやん……」

黙って聞いていると、周さんは眼の次は鼻、頬、向こう臑《ずね》から背中まで、ヤギのからだを順に誉めていくのだった。それはまるで泣く子を泣きやませるには「即心即仏」、泣きやんだら「非心非仏」で指導した馬祖のようなやり方に思えた。「めっへへっへ」「わあああああああうううう」「めっへへっへ」とヤギはやたら自信ありげになり、喧《かまびす》しくなって去っていった。

その後、ヤギの夜尿症が治ったのかどうかは、本人しか知らない。

第十一章
ビンボーと病気

戦乱の時代

『荘子』至楽《しらく》篇によれば、荘周には妻がいて子供もいたらしい。その妻が死に、弁論の好敵手だった恵施《けいし》が弔問に行くと、荘周はあぐらをかいて土の瓶（盆）を叩き、歌を歌っていた。恵施は呆れて言った。

「夫婦として共に暮らし、子供を育てて年老いた妻が死んだんだ。哭《こく》しないだけでも充分不人情なのに、いくらなんでも瓶を叩いて歌うなんてひどすぎるじゃないか」

同郷ですこし年上の恵施の言葉に、荘周は正直な感想を述べる。

「いや、そうじゃないのよ。儂《わし》だって妻が死んだ直後にはそりゃあ悲しくてやりきれんかったわさ。せやけどね、命いうもんのそもそもの始まりを考えてみると……」

あとは老聃《ろうたん》の死に際して見せた態度と同じである。大宗師篇の「死生は命なり」という考え方が通底している。

「もともとおぼろでとらえどころのない状態でまじりあっていたわけやん。それがやがて変化して氣ができて、みんなが変化して形ができて、ほんで形が変化して生命ができたわけや。それが今また変化して死へと帰ってゆくわけやろ。いわば四季のめぐりとおんなしで、妻は天地という巨きな部屋で安らか〜に眠ろうとしてるのよ。そないな命の道理やし、だから大声はりあげて哭《な》くのはやめたんよ」

人間の死生ばかりでなく、荘周の時代には国さえ危うい存亡を繰り返す時代だった。馬叙倫《ばじょりん》は、荘周の生存を前三六九〜前二八六と推定しているが、この没年とされる前二八六年、荘周の生きた宋の国は斉、楚、魏の連合軍に攻められ、分割される。

もともと宋の国は、周に亡ぼされた殷王紂《ちゅう》の庶兄微子《びし》を国祖とし、古い文化はあるものの弱小な国だった。しかも王位継承をめぐる争いが絶えず、荘周の頃には王の剔《てき》成《せい》が弟の康王偃《えん》に追われて亡命し、夏の桀王《けつおう》に準《なぞら》えて「桀宋」とも呼ばれた偃の時代だった。酒色に溺れ、諫臣《かんしん》を射殺し、心傲《おご》った王は、一度は斉、楚、魏と戦ってこれを破るが、ちょうど荘周の没年にその連合軍に殺され、国も分割されるのである。

そのような戦国の世にあって、各地の学者たちは競い合って諸侯に仕官を求めた。なかには斉の威王のように、天下の学者たちを招集して「稷下《しょっか》の学」と云われるアカデミアを設立するような王もいた。

論敵、恵施

荘周と恵施は、好敵手ではあったものの身の処し方は大きく分かれる。荘周は一向に仕官への興味は示さず、剝製にされた亀よりも泥の中で遊んでいたいと嘯《うそぶ》いて楚の国からの誘いも断る。また孟子さえそこで活躍したという「稷下の学」にも出入りした形跡はない。しかし一方の恵施は、なんと魏の国の恵王（在位前三七〇～前三一九）と襄王（在位前三一八～前二九六）の二代にわたたって宰相まで務めてしまうのである。『荘子』徐無鬼《じょむき》篇に二人の興味深い問答が載っている。

荘「弓を射る人が、べつに狙ったわけじゃないのに的に当たって、それでも弓の上手と呼ばれるなら、世界中弓の名人だらけやん。そんなの、OK？（可ならんか）」

恵「OKよ（可なり）」

荘「世界中に、普遍的な正しさ（公是）なんてないわけやけど、それぞれに自分が正しいと思うことを正しいとしていったら、みんなが聖人の堯だってことになっちゃうやろ。これもOK？」

恵「OKよ」

荘「じゃあ言うけど、今やこの世で自分こそ正しいと主張している学派は、儒家と墨家と楊朱《ようしゅ》派と宋鈃《そうけい》派の四つ、それから詭弁《きべん》学派と言っちゃ悪いけど、名家と呼ばれてるあんたんとこ入れると五つあるわけや。いったいどれが正しいんかなぁ。だいたい魯遽《ろきょ》の話と似たようなもんとちゃうの？」

魯遽の話とは、弟子が「私は先生の技術を習得することができました。冬の寒さに鼎《かなえ》をたきつけ（て高熱をあげ）、夏の暑さに氷を作ることができます」と言ったのに対し、師匠の魯遽は「それはただ陽の気で同じ陽の気を集め、陰の気で同じ陰の気をよびよせているだけのことで、儂《わし》のいう術ではない。儂は儂の技術をお前に見せてやろう」と偉そうに言ったまではよかったけれど、結局琴をもちだして似たようなことをしただけだったという話である。つまり荘周は、五つの学派とも似たようなもんじゃないかというのである。

するとは恵施は名家らしい反論をする。

「なるほど近頃の儒家、墨家、楊朱派、宋鈃派などは私を目の敵にして熱弁をふるい、言葉を弄し、声をはりあげて屈服させようとするが、けっして我が輩を論破してはいない（未だ始めより吾れを非とせざるなり）。これはどうかね（我が輩が正しいということじゃないかね）」

それに対して荘周は面白い譬喩で答える。

「斉の国にな、どういうわけか子供をこの宋の国に放逐する人がいたんやて。んで門番にさせようってことで、わざわざ足を傷つけて不自由にしてもうたんや。この男、楽器を買うときなんかは傷つかんようにってご丁寧に縄巻いて大事に運んだんやで（職を得させるのがどれほど大事か知らんけどやな、子供のからだに傷つけるなんてアホやで）。しかも遠く離れた子供に会いに行きもしない。これって本末転倒やろ。それからこれは楚の人やけどな、片脚が不自由なので門番になったんやけど、こいつがある晩、舟に乗ろうとして船頭さんと喧嘩したんやな。まだ岸から離れもしないうちに（これから命を預ける船頭に）怨みを買うなんて、危ないこっちゃで」

要するに荘周は、恵施の生き方もそんなふうに本末転倒しているし、我が身を危険にさらしていると言いたいのである。それは正しさを競い合えば必ずそうなるという荘周の深い諦念でもあった。

誇り高きビンボー

ともあれ、こうして「名」と「実」とに背を向け、矜持と自由に生きる荘周であれば、恵施とは全く違う人生を生きるのは当然であった。荘周は、はっきり云えば誇り高きビンボーだったのである。

ビンボーについての見識が、『荘子』譲王篇《じょうおうへん》には列子《れっし》の話として描かれている。「子列子《れっし》窮す。容貌に飢色《きしょく》あり」というのだから、よほどの状況だったに違いない。それを鄭《てい》の国の宰相子陽《しよう》に告げる者があり、有道の士がひどい暮らしをしている国との噂がたつことを怖れた子陽は、使いを送って列子の家に穀物（粟《ぞく》）を届けさせる。しかし列子は丁重にそれを断るのである。

列子の妻はどうにも納得できず、憤懣で胸を叩きながら列子に詰め寄る。

「有道の先生の妻子ならば、みな安楽な生活が送れるものと思っていましたわ。ところが今の我が家は食べるものにもこと欠く始末。殿様がせっかく憐れんで食料を送ってくださったというのに、あなたは断ってしまわれた。くやしいったらありゃしない（豈不命邪）」

すると列子は笑ってこれに応じる。

「あのなぁ、殿さまは自分で儂のことを知ってるわけじゃないでしょう。誰かに言われて「あ、そうか」って思って穀物送ろうとしたわけだから、別な人に別なこと言われたら、「あ、そうか」って今度は儂を罪人にしちゃうかもしれないよ。そんな贈り物は受け取れませんよ」

そしてその後、宰相の子陽は果たして民衆の決起で殺されてしまった、と結ばれるのである。権力は常に危ういもの。それに近侍して富むくらいなら、貧すれども貪せず。これぞ荘周の志した筋金入りのビンボーと云えるだろう。

外物篇には荘周自身の苦しさも述べられる。

「荘周、家貧し。故に往きて粟を監河侯《かんかこう》に貸（借）る」あんまり貧しかったので、黄河を監視する（たぶん知り合いの）殿様のところに食料を借りに行ったというのである。するど殿様は言った。

「あ、いいよいいよ。まもなく領地から年貢が入るからね、そしたら五千万（三百金）くらい貸してあげるよ。それでいいだろ」

荘周は怒りに顔色を変えるが、悠長な譬え話をする。

「きのうこちらへ来る途中、なにやら呼ぶ声がするんで振り返ったら、車の轍《わだち》の水たまりに鮒《ふな》がいたんですわ。どうしたんだと訊くと、自分は東海の波の家臣だけれど、とにかく僅かでいいから水を持ってきて自分を助けてくれないかと頼むんですわ。そこで私もね、鮒に言ってやったんですよ。私はこれから呉と越の王様に謁見して遊説するから、そのとき西のほうの長江の水が大量にここに流れ込むようにしてあげよう。それでいいかいってね。そしたら鮒の怒ったこと。自分は相棒とも云える水にはぐれてたった今身の置き所もなくて困っているんだ。僅かな水で助かるというのにそんなことを言うなんて、干物になって乾物屋の店先にでも並べっていうことじゃないかってね」

これは「轍鮒《てっぷ》の急」という諺にもなった話だが、ここには荘周の「即今」への徹底した覚悟が表現されているだけでなく、監河侯の偽善的な対応も批判されている。大金や大量の水が欲しいわけでなく、荘周や鮒はたったいま生きていけるだけのわずかな穀物や水を求めている。どうしてそれがすっと差し出せないのかと、荘周は権力呆けした人々を弾劾するのである。

病《たお》るるに非ず

また譲王篇にはビンボーと病気についての面白い考え方も示されている。原憲《げんけん》も子貢も孔子の弟子だが、子貢は富裕、原憲はビンボーだった。あるとき子貢が立派な馬車に乗って原憲のあばら屋を訪ねたのだが、破れた冠をかぶり、踵がすり減った履き物で、藜《あかざ》という草の太い茎で作った杖をついて迎えに出た原憲を見て、子貢は「あぁ、先生はご病気でしたか」と見当違いなことを言った。

原憲が穏やかに答えた。

「私が聞くところでは、財産がないのが貧乏で、学問しても実践できないのを病気というんですよね。私は今、単に貧乏なんであって、病気ではありませんよ」

こうして荘周にとっての誇り高きビンボーの心構えが原憲の口を借りて縷々語られるわけだが、見栄のために学び、収入のために教え、乗る馬車を飾るような生き方が「為すに忍びない」と彼は言う。

ビンボーについて、これほどの見識を示しておきながら、荘周は恵施のことは憎からず思っていたようだから、どこか論敵として以上の魅力があった人物なのだろう。

なお先の原憲の言葉にあった「病」についての考え方は、『臨済録』「示衆」における「病は不自信の処に在り」にも通じるだろう。臨済禅師は、近頃の修行者の病は自分を信じきれぬことだと断じ、だから外的条件に振り回されて自由になれないのだと嘆くのである。

その日、周さんは縁側で赤トラの毛づくろいを手伝っていた私の横に来て、猫なで声で言った。

「ねぇ、宗久はん、『ちくま』の原稿料はもう入ったの?」

「そりゃあ入りましたけど、……まだですか?」

周さんはそれには答えず、嬉しそうに頷きながらスクワットした。以前にも「ちくま」の原稿料はモデルにも折半すべきだと言われ、貸したことがある。考えてみれば飼い主に見放された動物の整体で収入などあるはずもなく、このアパートでの暮らしもビンボーそのものだった。

ちょうどそのときだった。ナムが吠えるので周さんは玄関まで出て行った。「おおおお」「あああああ」という人間とは思えない二種類の声が聞こえたかと思うと、周さんは立派な背広を着た紳士とTシャツ姿で抱き合っている。「ケーシー先輩やないですか」頓狂な声で周さんが言った。それはおよそ二千三百年ぶりの恵施との再会だったのである。

渾沌王子がまるで捨てられた彼女のように、部屋の隅でぽよぽよ燻《くすぶ》っていた。

第十二章
詭弁の恵施

恵施、見参

ケーシー先輩、あるいはシーさんと荘周が呼ぶ恵施は、ケーシー高峰よりもかなり格好良かった。なにしに来たかは知らないけれど、突然やってきてその晩から七日も泊りつづけたのには一同驚いた。一同というのは、むろん渾沌王子と赤トラとナムである。

私は一応、夜には近所の庵まで戻っていたから寝る場所には影響なかったが、いつも診療室で寝ていた赤トラとナムと渾沌王子はその部屋もベッドもシーさんに占拠され、このところナムの頭には百円ハゲが復活していた。王子はどうやら周さんの部屋の片隅で寝ているものの、赤トラとナムは暗い廊下に夜は追いやられ、しかも終日なんのことだか解らない二人の議論を聞かされるらしかった。

黒とグレーの縞の三揃えに銀色のアタッシュケースをもち、オールバックのシーさんは、なにかというと携帯電話を出してタクシーを呼んだ。寿司や鰻やイタリア料理などをおごるから出かけようというのだが、赤トラやナムは食べ慣れない調味料などで一度ならず腹をくだし、酷い目に遭っていた。ナムのハゲが復活したのも赤トラの毛艶に翳りが見えるのも、何を食べさせられるか予測できない不安のせいではないか。私はそう思っていたが、シーさんの登場以来、渾沌王子が急に浮腫《むく》んだように動きが鈍くなり、通訳機能を果たせなくなってしまったため、彼らの考えることも分からなくなっていた。シーさんのせいで皆すっかり普段のペースが乱れ、相変わらず元気なのは㊗のTシャツを着た周さんだけだったのである。

その日は晴れていて桜も満開。久しぶりに近所の河原で釣りをして昼食にしようと周さんが提案し、みんなで河原まで歩いて出かけた。歩くペースが全員あまりにも違うので、常にすたすた先頭を行くシーさんがときおり鋭い目で振り返る。まるで辣腕の刑事に連行されていくような道行きだったが、ともかく無事に河原に到着したのである。

本能を刺激されたのか葦原に勝手に降りていった赤トラは、水中の魚を見つけ、早速隙あらば獲ろうと右手を中途半端に翳《かざ》したまま身構えた。しかし周さんはそんなことは気にせず、気持ちよさそうに泳ぐハヤを見ながら言った。

「シーさん見てぇな、あのハヤの泳ぎっぷり。これこそ魚の楽しみというもんやなぁ」

するとシーさんはシメタとばかり、すぐにニヤッと嗤《わら》って突っ込んできた。散歩や釣りではなく、結局彼は議論がしたいのである。

「おいおい、周ちゃん、君は魚じゃないんだから、魚の楽しみがわかるはずはないだろう」

「ほなシーさんかて儂《わし》やあらへんのに、儂に魚の楽しみがわからんて、どないしてわかるねん」

周さんも嫌がらずによくつきあうものだ。根は嫌いじゃないほうなのだろう。

「むろん僕は君じゃないから、君のことはわからんさ。しかし君だって魚じゃないんだから、魚の楽しみがわからんのは当たり前だろ」

「頼むから初めに戻ってみてぇな。シーさんは「君に魚の楽しみがわかるはずない」って言わはったやろ。それはつまりシーさんに儂のことがわかったっていう主張やないの。同じように、儂はここに居て魚の楽しみがわかったって言ってるだけよ」

それはまるっきり『荘子』秋水篇にある問答だった。

斉物論篇、天下篇から類推すると、恵施は「方生の説《ほうせい》」というものを唱え、荘周もそれに賛同して自論にも採り入れている。「方生」とは「方《なら》び生ず」と読み、アレとコレ、死と生、是と非などの二元論の双方ばかりでなく、すべてのモノの区別は同時発生しているというのである。斉物論篇を書いた荘周なら間違いなく賛同する理論である。

そして荘周はさらにそこから一歩進め、相対的価値としての対語（偶）を持たない「道枢《どうすう》」という立場を最高のものとして提唱する（「彼と是れと其の偶を得るなき、これを道枢と謂《い》う」）。

「枢《とぼそ》」というのはもともと扉の回転軸を差し込む上下の穴のことだが、枢であってこそ環の中心にいて三百六十度どのような変転にも対応できる（「枢にして始めて其の環中を得て、以て無窮《むきゅう》に応ず」）。是も非もそうした無窮の変転のうちの一つにすぎないのだから（あらゆる偶を立てない）「明《めい》」の立場には及ばない（「是《ぜ》も亦《また》一無窮、非も亦一無窮なり。故に曰《いわ》く、明を以《もち》うるに若《し》くなし」）ということになる。

道枢とも云うべき「明」の立場をさらに推し進めると、あらゆるモノの区別は霧消して「万物斉同」ということになり、具体的には「天地も一指なり。万物も一馬なり」（斉物論篇）という言い方が成り立つ。そうであるなら、魚の気持ちを荘周が分かったって不思議ではないし、荘周の気持ちを恵施が分かったとしてもおかしくはないのである。

論理は踊る

先の問答は、荘周の恵施に劣らぬ舌鋒を示したばかりでなく、結局のところ「斉同」に徹している荘周と、徹しきれていない恵施の違いを浮き彫りにした。荘周の世界観をもう少し味わってみよう。

物には固《もと》より然る所《べ》きあり、物には固より可とす所きあり、物として然らざるなく、物として可ならざるなし。故に是れが為《た》めに莛《てい》と楹《えい》、厲《らい》と西施《せいし》を挙ぐれば、恢恑憰怪《かいききつかい》なるも、道は通じて一たり。其の分かるるは成るなり。其の成るは毀《こわ》るるなり、凡《およ》そ物は成ると毀るるとなく復《ま》た通じて一たり。唯《た》だ達者のみ通じて一たることを知り、是れが為めに用いずして諸《こ》れを庸《よう》に寓《ぐう》す。

物固有所然、物固有所可、無物不然、無物不可、故為是挙莛与楹、厲与西施、恢恑憰怪、道通為一、其分也成也、其成也毀也、凡物無成与毀復通為一、唯達者知通為一、為是不用而寓諸庸。

人間が主観による勝手な判断をやめれば、どんなものにももともと然るべき可《よ》いところが具わっているのが分かるだろう。奇っ怪な喩えかもしれないが、たとえば小さな木の茎でも大きな柱でも、あるいは厲《らい》の病の人だろうが絶世の美女の西施だろうが、道の立場からは斉《ひと》しく一つということになる。ある人々からは分散と見えることも別な人々には完成と見え、同じことを完成と見る人もいれば破壊と見る人々もいる。およそすべての事物は、完成とか破壊という人間の判断以前に一様な一つの変化の過程なのである。ただ道に達した人のみがこのことを知り、自らの勝手な判断を用いず変化のままに平常なこと（＝庸＝ありきたりの自然さ）と受けとめていく。

「庸に寓す」とは馬祖の「平常心是道」をも憶いださせる言葉だが、この内実については、やはり恵施と荘周の別な問答が参考になろう。

徳充符篇によれば、あるとき恵施が荘周に訊ねる。

「人間というのは、もともと情がないものなんだろうか？」

するとと荘周は「そうや」と答える。

「え？　人間に情がなかったら、いったいどうしてそれが人間と云えるんだい？」

「自然の道理で（人間の）容貌が与えられて、また天によって（人間の）からだの形が与えられてるんやし、そりゃあ人間に決まってるやないの」

「だから、それだったら情もあるはずだろう」

「ああ、それは儂の言ってる情とちゃうで。儂がさっきから「情なし」言うてるのはやな、なにかを好いたり嫌ったりすれば必ず我が身の内も傷つくわけや。そないなことはせんと、いっつも自然にあるがままに任せて、自分勝手な判断で贔屓《ひいき》したりせえへんっちゅうこっちゃ」

「好いと思うことを積極的にするんじゃなかったら、どうやってこの身を保つんだい？」

「せやから道から戴いた容貌と天から戴いた形だけで、そのもちまえに従ってりゃええのよ。そのうえ好きだ嫌いだ言ってたら結局我が身を傷つけるだけなんやて。あんたもそないにこころを外にばっかり向けて精根疲れさせたり、樹に寄りかかって呻《うめ》いたり机にかじりついて眠ったりしてたらあかんで。自然はちゃんとあんたにも人間としての形を与えてくれはったんやし、「堅白石《けんぱくせき》」なんて詭弁こかんとき」

堅白石とは恵施や名家の後輩である公孫竜《こうそんりゅう》がよく用いた詭弁で、要するに「堅」と感じるのは触覚で「白」と見るのは視覚だから、それは堅石と白石という二つの石なのだという馬鹿馬鹿しい論理である。

おそらく荘周の最後の科白に、恵施への思いは尽きているのかもしれない。すべてを受け容れられずに是非好悪を論じることは、ロジックを競い合う面白さはあるとしても、結局自らのいのちの全体性を傷つけることなのだ。

これまでの章で、瓢《ひさご》や樗《おうち》の話からも二人の考え方の違いは明瞭だった。「大きなものを使いこなせない」と難じられた恵施から見ると、荘周はあまりに茫洋として現実の「用」を無視しすぎるように映る。しかし現実の「用」については外物篇に二人の秀逸な会話がある。まず恵施が詰《なじ》る。

「君の話は現実離れしすぎてて、役に立ちませんよ」

「せやけど無用についてまず知らんかったら、用の話なんてでけへんで。だいたい我々が歩く地面かて、実際に使うのは足が踏む部分だけやろ。けど、だからってその部分だけ残してあとは奈落の底まで掘ってあったら、それでも役に立ちまっか?」

「そりゃあ、役に立たんでしょうな」

「だったらやっぱり、無用に見える部分がじつは役立ってるっていうことでっしゃろ」

これにはさすがの恵施も反論できなかったに違いない。

論より詭弁

河原に佇んでなにやら話し込んでいる周さんとシーさんを余所《よそ》に、私と赤トラは水中のハヤを捕まえようと近くの葦を集めて簗《やな》のようなものを作っていた。ナムはもともと魚などに興味はないので、日向に佇む渾沌の周りをむやみに走りまわっている。

川岸に並んだ満開の桜並木が春風にたわたわ揺れて気持ちがいい。気持ちはいいのだがしかし魚はいっこうに獲れず、腹もへってきていた。私は思いきって言った。

「ちょっと周さんとシーさん、話ばっかりしてないで魚獲るの手伝ってくださいよ。せっかく河原に来たんだし」

するとシーさんは徐《おもむ》ろに背広の内ポケットから櫛を出してオールバックを梳《くしけず》りながら言った。

「今日、河原に適《ゆ》きて、昔《きのう》、来たる」

河原じゃなく、越に適きてという恵施の詭弁は知っていた。つまり今日、越の国に行くが、明日になれば昨日越に到着したことになるというのだ。

「だから馬鹿なこと言ってないで、魚をなんとかしましょうよ」

私が臆せず言うと、今度はもっと馬鹿なことを言った。

「犬は以て魚と為《な》すべし」

これも有名な恵施の詭弁だった。本来は犬と羊の話で、どちらも人間がつけた名前だから、名前を交換することは可能だというのである。むろんナムは一目散に桜並木のほうへ逃げていった。魚の代わりに魚と呼ばれ、焼いて食べられる怯えを一瞬のうちに感じたのだろう。

そこに至って周さんがようやく呆れた顔でシーさんを見つめて言った。

「先輩、儂とこ、なにしに来たん?」

すぐに周さんに振り向いたシーさんだったが、しばらく眩しそうにその顔を見つめたまま何も答えず、周さんは追い打ちのように言った。

「シーさんが来てからみんな調子狂って困ってるみたいや。ほら、見てえな」

言われて見ると渾沌王子が河原でぜーぜー息を喘がせ、ナムもその横でぐったり寝そべっていた。どうやら恵施の存在じたいが彼らには息苦しいようだった。

シーさんを振り向くと、あれよ、銀色のアタッシュケースをぶら下げたまま大粒の涙を浮かべているではないか。いったいぜんたい、どうしたというのだろう……。

第十三章
寂寥と風波、そして自適と自殺

言葉への不信

人間が明らかには感知できない真っ暗で音もない状態を、今「寂寥《せきりょう》」、あるいは「寂寞《せきばく》」と呼ぶことにしよう。

『老子』第二十五章の表現によれば「物有り渾成《こんせい》し、天地に先んじて生」じた状態、つまりまだ天も地も生まれておらず、渾然としてはいるのだが何物かがあるようなのである。

それは静まりかえって音もなく（寂）、おぼろげで形もない（寞、寥）。そうして「独立して改《かわ》らず、周行して殆《やす》まらず」だから、全体は独立していて一定なのに、どういうわけか周《あまね》くどこまでも行きわたって止まることがない。なんとも不思議な状態だが、喩《たと》えて言えば全てを生みだす「天下の母」のようなもの。もとより名前はないから、老子はこれに字《あざな》して「道」と呼ぶことにした。また「大」と呼んでもいいだろうと言う。

同じように荘子は、この「道」なるものを「攖寧《えいねい》」と呼んでいる（大宗師篇）。攖寧とは、万物と触れあいながら自らは安らかでいることだと言う。先の『老子』と同じような意味づけと考えていい。また逍遥遊《しょうようゆう》篇に云う「無何有《むかう》の郷《きょう》」、何も有ること無き広漠の野というのも、同じ意味あいの比喩的な表現だろう。老子も荘子も、常にこうした状態に身を置こうとするのである。

「寂寞」あるいは「寂寥」に、光が差し込むと初めて空間というものが生まれ、また音が生じると時間が発生する。「宇宙」とは本来時間と空間を含んだ概念だから、「寂寥」「寂寞」は宇宙以前だ。日本の神が「音ずれた」のも当然この時空以前だったはずである。

神は語らない。しかし人間はその「寂寥」にも沈黙することなく「風波」を起こす。風波とはつまり言葉である（人間世篇「夫《そ》れ言とは風波なり」）。言葉はこうした茫漠たる実体との関係において、いつも風や波のように一定せず当てにならないというのだ。老子や荘子に共通して云えるのは、実相と表現とのどうしようもない齟齬の認識、何よりこの言葉という道具への不信ではないだろうか。

道を定義することじたい、老子は拒否する。それが『老子』冒頭の「道の道とすべきは、常の道に非ず」である。荘子は「大道は称せず」とも「道は昭《あき》らかなれば、而《すなわ》ち道ならず」とも言う（斉物論篇）。また道についてばかりでなく、あらゆる言語表現に二人とも否定的で、老子は「知る者は言わず、言う者は知らず」とまで言い切り（五十六章）、荘子も「言は弁ずれば而《すなわ》ち及ばず」と言い、話さないことこそを「不言の弁」として推奨する。「知は其の知らざる所に止まれば、至れり」とも言うように、これ以上は分からないという場所に留まって沈黙し、議論などしないのが最高の知だという（斉物論篇）。釈尊の「無記」の考え方にも通じている。

言葉はどうしても自らを飾ろうとする（「言は栄華に隠《よ》る」斉物論篇）。だから儒家と墨家のような論争も起こるのだし、是非を論争して相手に勝とうとすることほどばかばかしいことはない。

結局どんなに言葉を駆使しても、「焉《これ》に酌《く》めども竭《つ》きず」なのだから、いっそ「環中」や「道枢」の立場から寓言や重言や卮言で自在に応じる。それこそ明の立場で、荘周の基本的態度なのである。

禅の「不立文字《ふりゆうもんじ》」はこうした考え方の影響下にあると思えるし、「維摩《ゆいま》の一黙」などもやはり同じ思想の表現と云えるだろう。

そして、……そして恵施ことシーさんも、政治には関わっているものの、そのくらいのことは了解していると、周さんは思っていたのではないだろうか……。

蝸牛角上《かぎゅうかくじょう》の争い

「シーさんが来てからみんな調子狂って困ってるみたいや」

寓言でも重言でも卮言でもない、堪《たま》りかねたようなあまりに直截な言葉に、涙ぐむシーさん……。そしてぜーぜー喘ぐ渾沌王子と、その横でぐったり寝そべるナム……。赤トラは、と見ると、さっきまで熱心に励んでいた魚獲りを諦め、河原で無気力にあくびなどしているではないか。赤トラの場合は「調子狂って困ってる」のかどうか、よく判らなかったが、ともかく私は昔の『巨人の星』さながら、一瞬のうちに膨大なことを憶いだしてしまったのである。

それは恵施が魏の恵王に宰相として仕えていた頃のことだ。則陽《そくよう》篇の描写を大幅に簡略化して書くが、要するに恵王が盟約を結んでいた斉の威王に裏切られた。そこで将軍の公孫衍《こうそんえん》は武力で正面から攻めることを勧め、別な家臣の季子《きし》は反対に平和主義を唱える。するとまた華子《かし》というもう一人の家臣が出てきて奇妙なことを言うのである。曰く「善《よ》く斉を伐《う》つと言う者は乱人《らんじん》なり」。討伐論は世を乱すというのだから尤《もっと》もだ。しかし華子は続けて「善く伐つ勿《な》かれと言う者も亦《ま》た乱人なり」と言う。平和主義者もまた世を乱す人だというのだ。

これはじつに巧妙なやり方と云えるだろう。最終的に華子がどういう意見かは別として、二者が正反対の意見で論争している場合、どちらかに与《くみ》して自説を唱えるのは賢明ではない。しかも華子は、最後にこう付け加えるのである。「これを伐つものと伐たざるものとは乱人なりと謂《い》う者、又た乱人なり」と。つまりどっちも乱人だと発言している自分もまた乱人だというのである。

「じゃあ、どうすればいいの？」

当然恵王はそう訊くだろう。華子はそれを予測してそこまで事を運んだはずで、「然らば則ち若何《いかん》せん」という恵王の問いかけに、予定通り「其の道を求めんのみ」と、ワケのわからない答えを返す。

王は「いったい何のこと？」「道って何？」という顔になったに違いない。そこでようやく恵施が登場するのかと思いきや、なおも自分では出ていかず、戴晋人《たいしんじん》という賢人を呼んできた。この辺りが宰相恵施の演出の巧みさだ。自然に重言が実現し、またその話す内容も、どこまで事前に打ち合わせてあったかは知らないが、まさに寓言そのものではないか。このような恵施の段取りがあり、戴晋人の口から話されたのがあの有名な「蝸牛角上《かぎゅうかくじょう》の争い」なのである。

討伐論と平和論で迷い、道を求めるのみなどと言われて余計混乱している恵王に、賢者の誉れ高い戴晋人が言う。

「蝸牛《かたつむり》というのを、王さまはご存じですか？」

「そりゃあ知っとるわい」と恵王。

「その蝸牛の左の角には触氏という者が国を構え、右の角には蛮氏が国を構えておるのですが、領土争いになりまして死者数万、逃げる者を半月も追って戻ってくるような激しい戦いだったのですよ」

「おいおい、出鱈目《でたらめ》もいい加減にせい」

「それなら出鱈目でない話にしましょう。王さまは一体この宇宙の四方上下に際限があるとお思いですか」

「際限はなかろうなぁ」

「なれば心をその際限なき世界に遊ばせてから実際の地上の国々を見渡せば、いずれもあるかなきかわからぬほどではございませんか」

「まぁそうじゃな」

「その実際の国のなかに魏の国があり、都があり、都のなかに王さまがおいでです。王さまとあの蝸牛角上の蛮氏と何か違いはありますか」

「……うん、違わないなぁ」

そう呟いた王は、戴晋人の退出後なにかを失ったように悄気《しょげ》てしまったのである。

やがて戴晋人を大人《たいじん》だと恵王は讃え、恵施も堯・舜とは比べものにならないと誉めるのだが、いやいや、この面会をアレンジした恵施こそじつはもっと凄いではないか。あの頃は本当に凄かったのに……。そう思いつつ私は、束の間の長～い回想から忽《たちま》ち明るい河原に戻ってきたのである。

自らの楽しみを楽しむ

相変わらずシーさんは大粒の涙を揺らしたままストップモーションで待っており、渾沌は喘ぎ、ナムは寝そべっていた。赤トラは両腕を前に伸ばして精一杯伸びをしたかと思ったら、ふやけた顔でそのまま横になってしまった。

ゆっくりしたペースでスクワットしはじめていた周さんが、突然シーさんに向き直って言った。

「天の為す所を知り、人の為す所を知る者は、至れり」

何を言いだしたのか私には分からなかったが、シーさんには思うところがあったらしく、銀色のアタッシュケースを足許に置くと一緒に並んでスクワットしはじめた。何も言い返さず、おとなしく背広でスクワットしながらシーさんはなおも涙を流していた。

先日の選挙の結果は、私も町の噂で聞き及んでいた。なにしろシーさんの属する民自党は歴史的な惨敗だったらしく、その後の立て直しにも苦労しているらしい。まもなくシーさんが宰相をやめることも決まっていて、町で拾った新聞にはシーさんのかつての言い間違いなどが列挙されていた。国を憂え、言葉で戦っていたシーさんが、言葉の間違いを指摘された悔しさは想像できたが、はたして今のシーさんがなにを悲しんで泣いているのか、私には想像もつかなかったのである。

「何をか真人《しんじん》と謂う」

突然シーさんがスクワットしながら大宗師篇風に問いかけた。

「古《いにしえ》の真人は、寡《とぼ》しきにも逆らわず、盛んなるにも雄《ほこ》らず」

周さんが答える。まるで昔は盛んで雄り、今は寡しくなって凋《しぼ》みかけている民自党への皮肉のようにも聞こえる。唇を噛みしめるシーさんに、周さんは続ける。

「士を謨《はか》らず。然《か》くの若《ごと》き者は、過《あやま》てども悔いず、当たれども自得せざるなり」

するとシーさんは急に元気づいて言った。

「ってでしょう。だから私はマニフェストなんてやめとこうって言ったんですよ。あんな口約束、大きな地震が一つ来ればもう無意味じゃないですか。あれで相手の土俵に乗っちゃったんですよね」

周さんはなにも答えず、三度スクワットしてから言葉を続けた。

「然くの若き者は、高きに登るも慄《おそ》れず、水に入るも濡れず、火に入るも熱からず」

「えっ」

シーさんは突然動作を止め、じっと周さんを見つめ、それから表情を失って明るい河原を見遣った。一瞬、私は文脈とは関係ない不穏な空気を感じた。渾沌王子がぴくんと震え、ナムが首を立てて呆然と佇むシーさんを見ていた。もしやシーさんは自殺を考えているのではないか……。私はそう思いながら周さんの言葉を待った。

「名を行ないて己を失うは、士に非ず。身を亡ぼして真ならざるは、人を役するに非ず」

名を行ない、人を使役するのは政治そのものの宿命だろう。権謀術数を競う世界ではあるが、どんなことがあろうと己を失い、身を亡ぼすのは愚かなこと。周さん自身は政治など一切見向きもしないが、誰かが任を負わなくてはならない。それは政界で生きていくしかなさそうなシーさんへの、周さんのせめてもの励ましなのかもしれなかった。

周さんはそれから狐不偕《こふかい》、務光《むこう》、伯夷《はくい》など数人の自殺者、隠遁者の名をあげ、「むふふ」と嗤った。大宗師篇ではそのあとに「是れ人の役を役し、人の適を適として、自らは其の適を適とせざる者なり」と述べられる。あいつらみたいに他人の仕事や楽しみに振り回されるのではなく、とにかく自適せよ、自らの楽しみを楽しめと言いたいのだ。

ふいに「むふふ」と笑い返したシーさんは急に元気づいたようにアタッシュケースを持ち、桜並木のほうまで駆けて行った。

呆然と見送った二人と渾沌王子と二匹は、それから一時間ほど魚獲りに挑んだがなにも獲れず、結局スーパーでカップ焼きそばを買ってアパートで食べた。数日もすると皆元気になり、豪華な食事と恵施とを同時に懐かしんだのである。

第十四章
不測に立ちて無有に遊ぶ

過去も未来も求めない

さて時は流れ、桜は散って緑も濃くなってきた。

私は庵の小窓から入り込む微風に頬をなぶらせながら、久しぶりに『論語』を読んでいた。いつまでもこんな生活を続けているのもどうかと思い、『論語』でも読んで将来を考え、志をたてようと、殊勝らしいことを思ったのである。

「微子篇」を読んでいて、はっと驚いた。まずは本文を示そう。

楚《そ》の狂接輿《きょうせつよ》、歌いて孔子を過ぎて曰く、「鳳《ほう》や鳳や、何ぞ徳の衰えたる。往く者は諫《いさ》むべからず。来る者は猶《なお》追うべし。已《や》みなん已みなん。今の政《まつりごと》に従う者は殆《あやう》し」と。孔子下《くだ》り之《これ》と言わんと欲す。趨《はし》って之を避け、之と言うを得ず。

それは完全に見覚えのある文章だった。屋内に孔子がいることを知り、狂人を装った接輿が歌いながら通り過ぎる。その場面ははっきり記憶にある。しかし歌の内容が記憶していたものと些《いささ》か違う。

鳳《おおとり》と呼びかけ、接輿が孔子を賞讃しているのは変わらない。しかしなんと徳の衰えた世の中だろうと慨嘆したあとが少し違うのだ。もう一度読み返してみる。

往く者（過去）は今さら諫めようもないが、来る者（未来）はまだどうにかなる（猶追うべし）。しかし今の政治には徳がなくなっているから、政に従うのは已《や》めたらいい、已めちゃいなさいよ〜。そんなことを歌って接輿は通り過ぎた。孔子は彼と話したいと思って外に出たけれど、走って逃げてしまったので叶わなかったというのだ。

私はすぐに『荘子』の人間世篇を捲《めく》った。そして記憶していた部分を読み返した。やはり同じ内容である。

孔子、楚に適《ゆ》く。楚の狂接輿、其の門に遊びて曰く。

孔子、適楚、楚狂接輿、遊其門曰。

なるほどこれは、周さんが『論語』を読んで書いたとしか思えない。いわゆる本歌取りみたいなものだが、いったい周さんはそんなことまでして何が言いたかったのか。歌う内容の違いに私は眼を凝らした。

鳳や、鳳や、何如ぞ徳の衰えたる。来世は待つべからず。往世は追うべからざるなり。

鳳兮鳳兮、何如徳之衰也、来世不可待、往世不可追也。

あ、違う。過去（往世）は追うなというのは同じだが、未来（来世）については全く逆ではないか。

孔子が外に走り出て、話したいと思ったほどの歌という想定だが、『論語』ではあくまでも未来に希望を残し、非道《ひど》い世の中ではあっても何かを「追う」ことを推奨している。乱世でも、いや乱世だからこそ、道徳という規範を掲げようとした孔子に相応《ふさわ》しい歌と云えるだろう。道徳を掲げ、計画や目標を持って暮らせば乱世の改善も可能だけれど、今はやめておいたほうがいいと接輿に歌わせている。

しかし周さんはそこを変えてしまったのだ。接輿に「過去も未来も追い求めるべきではない」と歌わせているではないか。

私は思わず膝を打った。それはまさに「前後際断《ぜんごさいだん》」し、「今」に没頭せよという禅の考え方に通じていたからである。

そして私はもう一度膝を打った。それは桜が散るまえに去ってしまったシーさんこと恵施の、根本的な葛藤ではないかと思えたのだ。

政に関わるということは、否応なく未来を策定していくということだ。来世を追うことなのだ。「方生の説」まで唱え、二元論の無意味さも悟った恵施なのに、政治家である以上、未来を捨て置くわけにはいかない。マニフェストという遠大な未来への口約束には反対でも、未来を考えないわけにはいかないのだから、結局は同じ穴のムジナになってしまうのではないか。

続けて私は、徳なき世における処世について、周さんの見解に読み耽った。周さんは接輿の歌の続きとしてそれを書くのだが、明らかに周さん自身の見解だろう。

天下に道あらば聖人成し、天下に道なければ聖人生く。方今《ほうこん》の時は、僅《わず》かに刑を免れんのみ。

天下有道聖人成焉、天下無道聖人生焉、方今之時、僅免刑焉。

周さんは、良い世の中なら聖人にもすることはあるが、こんな道無き乱世では聖人だってただ生きながらえるほかはない。刑罰を免れるのがせいいっぱいだと言うのだ。また徳をかざして人に臨むのは危ういからやめたらどうか、礼儀で人を縛るのもやめたほうがいいと、鳳である孔子に忠告する。山の木だって有用であれば我が身に危険を招き、灯の油だって役立つからこそ我が身を焼くじゃないか。鳳である貴方だってと、あくまでも敬意は示しながら、またしても「無用の用」を推奨するのである。

私はハタとまた膝を打ち、憶いだして「胠篋篇《きょきょう》」を開いた。そこには春秋時代の大泥棒、盗跖《とうせき》のことが大きく扱われている。跖の子分が、「盗にも亦《ま》た道あるか」と訊いたときの跖の答えが忘れられなかった。

盗跖は「何をしようったって道は必要に決まってるじゃねえか」と前置きして言う。「俺たちにとっては、獲物のありかの見当をつけるのが聖の徳だ。真っ先に侵入するのが勇の徳だろ。そんでしんがりを守って引き上げるのが義の徳ってもんじゃねぇか。進退を正しく見極めるのが智の徳だし、獲物を公平に山分けするのが仁だ。この五つの徳を身につけずに大泥棒になった奴なんかいねぇんだよ」

要するに、乱世に道徳を振りかざすとすっかり泥棒が利用するだけだと、荘周は言いたいのだろう。掲げた道徳はそのまま大泥棒の規範にもなる。老子は「大道廃《すた》れて仁義あり」（第十八章）と言ったが、荘周はさらに進め、「聖人生まれて大盗起こる」（胠篋篇）とまで言う。

ふいに私は、大盗のなかに生きる恵施の行く末が心配になったが、思えばもっと心配なのは何の仕事もしていない自分の未来なのだった。このまま周さんや渾沌、そして赤トラやナムと一緒になって遊んでいていいものか……。じつはある大学から、教授にならないかという話もあるのだが……。

無有に遊ぶ

私はなおも鬱々としながら『荘子』を捲《めく》りつづけた。すると天運篇で、音楽の祖とも謳われる黄帝が最高の音楽について述べた文章に行き当たった。いろんなことを説明したうえで、黄帝は質問者である北門成《ほくもんせい》にこう言うのである。「一待つべからず。女《なんじ》故に懼《おそ》れしなり」。私の音楽は一歩先の予測さえつかないから、それで君は懼れてしまったのだろう、と。むろん「一待つべからず」は素直に「一《いっ》も待つべからず」と読んでもいい。そう。私は「一待つべからざる未来」つまり全く予測がつかない将来を懼れていたのではないか……。孔子が将来への夢や計画を重視するのも、やはり懼れのせいではないか……。

さらに私は、次々と頁を捲りながら未来を憂えない生き方を『荘子』の中に探しはじめた。おお……。私はまた勢いよく膝を打った。あまりに勢いよすぎて膝が赤く腫れたほどである。

それは「応帝王篇」の、陽子居《ようしきょ》と老子の問答だった。明王の政治を問う陽子居に対し、老子は最後にこう言う。

明王の治は、功は天下を蓋《おお》えども、己《おの》れよりせざるに似たり。化《か》は万物に貸《ほどこ》せども、而《しか》も民恃《たの》まず。有れども名を挙ぐる莫《な》く、物をして自《おの》ずから喜ばしむ。不測に立ちて無有《むう》に遊ぶ者なり。

明王之治、功蓋天下、而似不自己、化貸万物、而民弗恃、有莫挙名、使物自喜、立乎不測、而遊於無有者也。

おおお。「不測に立ちて無有に遊ぶ」。むうううう。

私はじんじん痛む膝を撫でながら感激して唸った。そんなことがあるのかとは思うものの、あったら最高ではないか。

為政者の仕事の効果は天下を覆っていながら、しかもそれを為政者のお陰とは思わない。教化感化は万人に及びながらも、人々はなにゆえの変化か知らないから何かを頼ることもない。政治の力ははっきりありながらしかも気づかれず、人は何とはなしに喜んでいる。明王とは、どう変化するか先の予測がつかない状態で、人がそれと気づかない在り方を遊ぶ存在なのである。

むううう。これは明王の在り方の話ではあるが、まさに未来を憂えない生活の指針ではないか。道徳を掲げ、一定の目標に現実を引き寄せようと藻掻《もが》くのではなく、とりあえずどうしようもない現実を容認し、それに順応しつつ、……不測に立ちて無有に遊ぶ。

無有有有有。

未来を憂えない

ふいに私は、外の物音に気づいて本から眼をあげた。五月の薫風に混じってなにやら人か獣かわからない唸り声が聞こえたのである。そっと机から立ち、玄関を思い切って開けてみると、そこに居たのは周さんと渾沌王子、そして赤トラとナムだった。

人か獣かわからないはずである。周さんと王子は玄関口に蹲《うずくま》って頭を下げており、「むううう」と唸り、その声に共鳴するようにナムが細長く吠え、赤トラは吾関せずというように片肢を見事に上げて肛門を舐めていた。

「なにしてるんですか、お揃いで」

「え」

私が声をかけるとむしろ周さんのほうが驚いた声をだした。赤トラも肛門を舐める舌の動きを止め、私を見上げた。

「いや、宗久はん、三日もあんた来ぃひんかったやろ。せやからちょっと心配になって来てみたんや。なぁ」

そう言って周さんは渾沌王子に同意を求め、王子は少し間をおいてからぼよぼよ同意を示すように震えた。シーさんがいなくなってからの渾沌王子は日々元気になり、およそ元通りの元気を回復していた。

「だったら真っ直ぐ玄関でもノックすればいいじゃないですか」

「……それやねん」

周さんは立ち上がりながら意味ありげな返事をした。赤トラが坐り直し、興味なさそうに両前肢を突き出して伸びをしたが、かまわず周さんは話しだした。要約すればそれは次のような話である。

苫葺《とまぶ》きの庵に近づくにつれてまず渾沌王子がピクピク震えだした。ぽよぽよは心配ないがピクピクだと危険信号らしい。そこで王子のからだの周囲を巡ってみると、庵の方角の皮膚が最も激しくピクピクしていた。王子を抱きかかえて庵に近づくと、玄関前の縁の下の方向に太い首を捻ったまま高頻度ピクピクが止まらなくなった。

初めは私に不吉なことがあったのかと心配したらしいのだが、よく縁の下を覗き込むと、砂地に小さな円錐形の穴が無数に開いている。どうやら王子が危険な警告信号を出す元になったのは、その穴の底に潜む蟻地獄のせいらしく、今は王子の渾沌ビームと周さんの「無有無有」光線で唸りながら治療中だったらしい。

「蟻地獄がな、もうこんな生活いややって皆で歎いてたんやな。それに王子が反応しよったっていうわけや」

「こんな生活って……」

「来るか来ないか分からんアリを、こいつらひたすら待ってるわけやろ。待つことに疲れはてたんやな。落ちたアリより自分たちのほうが地獄だっていうわけや」

「……はぁ」

私は曖昧に答えながらも、まるで自分のことを言われたようなショックを受けていた。自分は蟻地獄と同じように分からない未来への不安を「有」として懼れ、大学への就職など考えはじめたのではなかったか……。渾沌王子がしばらくぼよぼよ震えていたが、やがて周さんが「よっしゃ」と呟き、蟻地獄の治療は終わったようだった。周さんと王子、そして赤トラとナムと私とで、その日は夜おそくまで水炊きを囲んで歌を歌った。いつのまにか「黄金虫は金持ちだ」の節で、「蟻地獄は極楽だ」と歌い踊っていたのである。

先月の「ちくま」の原稿料もこれで消えた。しかし私は、踊りながら「一も待つべからざる」「不測」の境地を味わっていた。明日のことは全く予測もつかず、また考えようとも思わなかった。

第十五章
「待つ」ことはややこしい

待たずに待つ

梅雨の合間のカラリと晴れた日だった。周さんは「松の木ばっかりっが松じゃない」と歌いながらアパートの前の松の木に登っていた。

「なにしてるんです?」

訊くと、「ご覧のとおりや」と呟き、すぐに軍手をはめた両手で松の幹を撫ではじめ、また続きを歌うのだった。

「今っか今かと気ぃをもぉ〜んで、あなた待っつのっも、まっつの〜うぅち」

「何か待ってるんですか?」

私が凡庸に問いかけると、周さんは何本かの枝を丁寧に撫でてから振り向き、小声で「松くい虫やねん」と答えた。

呆然として私はしばらく観察していたが、元気そうに見えるこの松に松くい虫が入っているのだろうか。不審な顔で見つめていると、周さんは松の根元に寄りかかっている渾沌王子を指差して言った。

「また王子がな、ピクピク震えだしたんや」

おお、蟻地獄の地獄に警告を発したあのピクピクセンサーは、健在だったのだ。今度は王子が、松の叫びでも聞き取ったのだろうか。

よく見ると、松の枝には赤トラも登っており、ナムも自分だって何かできないかというようにうろうろ歩きまわっている。どうやら王子が松に寄りかかって松くい虫の嫌がる波動を出し、周さんが幹や枝をさすって虫を追いだす算段らしい。

そう気づいた途端、私は気が遠くなった。そしてその場にへたり込み、すがるように鞄の中から『荘子』を取りだしたのである。自分でもどういうつもりだったのかよく分からないのだが、たぶん「一も待つべからず」と言った周さんが『松の木小唄』を歌っていたことが混乱の元ではなかったか……。そう。『荘子』の「待つ」は複雑なのだ。

初めに目についたのは風を「待つ」列子の話だ（逍遥遊篇）。列子は自由に風に乗り、十五日も飛んでいることができるらしい。彼は福にもあくせくせず、自分で歩く煩わしさからも解放されて素晴らしいのだが、「猶《な》お待つ所の者あるなり」だという。つまり風を「待つ」（＝期待する、頼る）ことで初めて飛べる、というのが不充分だと周さんは言うのだ。

若《も》し夫《そ》れ天地の正に乗じて六気の弁（＝変）に御《ぎょ》し、以《もっ》て無窮《むきゅう》に遊ぶ者は、彼れ且《は》た悪《なに》をか待たんや。

若夫乗天地之正而御六気之弁、以遊無窮者、彼且悪乎待哉。

つまり周さんの理想は何も待たない（期待しない、頼らない）ことで、天地の正常な運行に任せ、自然の変化をすっかり乗りこなし、窮まりない変化の世界に遊べるようになればそれが叶うという。ちなみに六気とは代表的な自然の変化で、陰陽・風雨・晦（暗）明である。

なるほど周さんは、風を待つ在り方から斉物論篇の「天籟《てんらい》」も導く。人の息を待って鳴る笛は人籟、風を受けて鳴るのは大地の地籟、しかしそれではまだまだで、万物の「もちまえ」を響かせるような「無」の働きを天籟と呼んだ。そこにおいて万物は、とりたてて何かを待っているわけではなく、「無」はほとんど意識されていない。敢えて云えば、待たれているのは「天」であり、「道」であり、「自然」であり、「運命」とも云えるだろう。周さんは、それだけを待てばいいと言うのである。

たまたま得る

天や道や自然や運命だけを待つ、ということは、つまり何物をも待たないことに等しい。現実的な表現が、やはり斉物論篇にある。

適《たま》たま得て幾《ちか》し。是に因《よ》る已《のみ》。已にして其の然《しか》るを知らず。之を道と謂《い》う。

適得而幾矣。因是已。已而不知其然。謂之道。

待つのではなく、適たま得るのがいいという。つまり何かを期待し、目指して得るのではなく、適たまの出逢いを肯《うべな》い、ただ身を任せる。しかも身を任せながらそのことを意識しない、それが道だというのだ。

我々凡愚の場合、期待するものを待つだけでなく、いたずらに評価を「待つ」こともあり得る。周さんはそのことにも触れている。

化声《かせい》の相待つは、其の相待たざるが若《ごと》し。
化声之相待、若其不相待。（斉物論篇）

化声とは、状況によってうつろう当てにならない分別の声である。うつろいながら是非善悪を論じる言葉など、全く無意味だというのだ。そして周さんはそれに続き、そんなことにうつつを抜かさず、「天倪《てんげい》」即ち自然の平衡によって全てを調和的に眺め、「曼衍《まんえん》」即ち極まりなき変化に任せていくのが長寿の方法だと告げる。

天倪は天鈞《てんきん》とほとんど同じ意味と思えばいい。自分の勝手な分別では善や悪、美や醜と区別されて見えるものでも、それは天から見れば釣り合い、きちんと均衡を保っているというのだ。そうなると全てが斉しいことになる。これが「斉物論」の要旨であり、だからこそ我々がわざわざ期待して待つものは何もなくなるのである。

待たずに適たま得て、それに身を任せる。しかも身を任せていることすら意識しない、というのだが、このことが同じ斉物論篇のなかで「懐《いだ》く」と表現されている。

分かつとは分かたざる有り、弁ずるとは弁ぜざる有り。曰く、何ぞや。聖人は之を懐き、衆人は之を弁じて以て相示す。

分也者有不分也、弁也有不弁、曰、何也、聖人懐之、衆人弁之以相示也。

つまり「懐く」とは、清濁併せ呑むとでも云おうか。いや、清濁とか是非を思わず、万物を分かたず弁ぜず、そのまま胸に収めてしまうことだ。分類すれば必ず分類しないものが残り、区別すればやはり区別しないものが残ってしまう。そんな不完全な人為を加えず、聖人はすべてを「懐く」というのである。

同じことだが「蘊《つつ》む」という表現も見える。

聖人は愚芚《ぐとん》、万歳に参《まじわ》りて一《いつ》に純を成す。万物尽《ことごと》く然りとして、而《しか》して是れを以て相蘊む。

聖人愚芚、参万歳而一成純、万物尽然、而以是相蘊。

論じ、弁ずるのが人間的営為だと思う人々からすれば、聖人は愚鈍にさえ見える。万年の久しき変化のうちにも一筋に純粋さが保たれ、それによって万物をあるがままに肯定し、すべてを包み込んでいるというのである。

「待つ」は「委ねる」

以上のようなことを踏まえたうえで、理想的に「待たずに待つ」状況を、周さんは罔両《もうりよう》と景《かげ》の話として綴る。景はいわゆる影、罔両とはその影の周りにできる「うすかげ」だというのだが、こんな話をいったい周さん以外の誰が書くだろう。

ふと『荘子』から眼をあげ、現《うつつ》の周さんはと見ると、なんと松の太い横枝に立ってスクワットしているではないか。しかも鼻歌で「やっとこやっとこ繰り出した〜」のメロディを歌っている。もしや松くい虫が繰り出したのだろうか。渾沌王子は根元でぼよぼよ震え、赤トラは樹上で爪を研ぎ、ナムはわけもわからず駆けまわっている。愚鈍にして純……。おお、たしかにそれは、周さんが聖人だという証ではないか。私は周さんを拝みながらまた斉物論篇のラストちかくを開いたのである。

罔両《うすかげ》が景に向かって問いかけた。

「あんた、さっきは歩いてはったのにもう立ち止まってはるし、坐ってた思たら今は立ってはる。なんとも節操のないこっちゃおまへんか」

するると景が答えた。

「わいはべつに自分の考えでそうしてるんやのうて、本体の動きのままに従ってるだけやんか（吾れは待つ有りて然る者か）。それにやな、わいが言うこと聞いてる本体かてどうもなんかに従って動いてるだけみたいやで（吾が待つ所は又た待つ有りて然る者か）。わいのこういう生き方が蛇の蜕《もぬけ》とか蟬の抜け殻みたいなものをよすがにしてるってか。そうであったとしても、そうじゃなかったとしても、わいはそんなこと知らんで」

なんと痛快な会話だろう。

ここで「待つ」ことは完全に従順な受容の意味で使われている。つまり「待つ所なし」と同じ意味なのだ。『荘子』における「待つこと」はだからこそややこしい。罔両が景に従い、景が本体に従うのは当然のことだが、景の発言によれば、本体だってべつに自分の意志で動いているわけじゃなく、状況の変化に従って身を任せているだけだという。

完全に身を任せられることこそ、完全な主体性の確立なのである。これは真の自立が、じつは依存できることだという認識にも似通っている。

いずれにせよこれは禅の「主人公」と同じである。臨済禅師は「随処に主と作《な》れば、立処皆真《りっしょみなしん》なり」と言ったが、それは決して自分の意志を通すというようなことではない。むしろ意志などという人為を埋没させ、状況に完全に浸りきれる者こそ、その場の主人公なのである。

「樹つ」は「待つ」

ふと私は、また周さんのほうを仰ぎ見た。

相変わらず周さんは樹の上でスクワットしながら鼻歌を歌っており、赤トラは景のように、またナムはさらにその罔両のように同じリズムで尻尾を振っていた。

おお、なんという主体性のなさ。つまり、なんという強靭な主体性であることだろう。彼らは完全に「待つ有りて然る者」、つまり周さん次第の存在なのだった。

ところで『荘子』では、このように依存しきれるほどに自由であり、それゆえ独立していることを「樹《た》つ」と表現している。

逍遥遊篇で先輩思想家の宋栄子《そうえいし》に言及した際、彼は誉められても浮《うわ》つかず、謗《そし》られても腐らず、要するに内なる自己と世間からの評価は何の関係もないことを知り、真の栄誉と汚辱の区別を弁《わきま》えて、世間の評価に心を煩わされることがない。そう褒め称えておきながら、「然りと雖《いえど》も猶《な》お未だ樹たざるものあるなり」と文句をつける。

ここでの「樹つ」は、真の独立自由であり、「待つ所なくして無窮に遊ぶ」ことである。むろんそれは、完全に「待つ」ことと言い換えることもできる。お分かりだろうか。ご推測のように、『荘子』においては何かを期待して待つことは否定されるが、全てに従い応じるつもりで待つことは大肯定されているのである。

宋栄子がまだ「樹っていない」ということは、彼がまだ何かを期待し、無条件には遊べないということなのだろう。

ふと私は、さっきの罔両の発言を憶いだし、本体である周さんはいったい何に従っているのかと、疑問に思った。ナムや赤トラが周さん次第なのは分かるにしても、周さんはいったい何次第なのか……。

あ、……渾沌王子。そうか、周さんは渾沌王子の景のように動いていたのか……。しかしそうは思っても、王子の気持ちは私には理解できないから検証のしようもなかった。

軍手をはめた両手をぱんぱん叩く音が聞こえ、周さんは「終わったでぇ」と言いながら松の木を降りだした。赤トラと並び、後ろを気遣いながらそろそろと脚から降りてくる。下からナムが嬉しそうに吠える。そして地上に降りた周さんはポケットから何匹かの松くい虫を取り出し、掌から放しながらまた『松の木小唄』を歌いだした。

「だめっよだっめよと言った～けど、気になるあなたの顔の色～、出したその手をひっこめて、帰りゃせぬかと、気っにか～か～る」

そして松くい虫を放してしまうと、ナムと赤トラに向かって「昼飯にしよか」と言ってアパートのほうへ歩きだした。「待ってくださいよ、コロッケ買ってきたんですよ」私が追いすがって声をかけると、周さんはくるりと振り向いて「待つ」と答えた。ぼよぼよぼよぼよぼよ、渾沌王子がいつまでも松の根元で笑っているようだった。

第十六章
運命を占うことの無意味

怪しき占い師

暑い日だった。町内会長の照山さんが突然私の庵を訪ねてきた。禿げた赤ら顔の後ろには見知らぬ坊ちゃん頭の丸い顔が見える。開けたままだった玄関で照山さんはいきなり蒸し暑い声で言った。

「宗久さん、あんたもこの人に未来を見てもらって、そろそろ仕事でもしたらどうです？　あんな妙な動物整体のおっさんとつきあってるから、あんたまで穀潰《ごくつぶ》しに見えてしまう。私にはそれが残念で仕方ないんですよ」

余計なお世話だった。

しかし照山さんにはこの庵を建てるに当たり、農地転用の許可を取るのにずいぶん世話になっている。ムゲにもできず、私は薄笑いを浮かべて二人に入室を促した。照山さんは「むさ苦しい処ですが」と勝手にへりくだり、テーブルに向き合うと急に偉そうに言った。

「あ、この方はですな、うおっほん、じつは原井先生とおっしゃいましてね、過去も未来も……、見えるんです」

「え。……過去も、……未来も？」

「そうですよ。株価の予測も、消えた犬の行方も、それに前世だって一発で見えちゃうんです」

「……ほう。……犬の前世が……」

「違います。宗久さんの前世ですよ。なくなったものは、犬でも財布でも出てきます」

相当に胡散《うさん》臭い話だった。照山さんはいつしか扇子を出して自分の太い首筋と隣の坊ちゃん顔のほうまであおいでいる。得意そうに鼻の穴を広げる照山さんの横で、男は照れるでもなく二重顎をさすっている。照山さんの話以上に胡散臭そうな男だった。

しかし、……しかしである。一時間後、なんと私は原井という袴姿のこのお方にすっかり心服していたのだった。

まず原井氏は私の最後のおねしょの時を言い当て、お尻のホクロの位置をズバリ的中させ、そして私の初恋の相手の授業中の特徴的な挙手のしかたまで明言したうえで、私の前世は、なんと山伏であったと言ったのである。べつに山伏に心当たりがあるわけではなかったが、それ以前の言葉がすべて当たっていたから山伏も悪くないと私は納得してしまった。

さらに原井氏は坊ちゃん顔に笑いを浮かべながら、「あなたは近い将来大学で教えることになるでしょう」ときっぱり予言した。

おおおお……。

すっかり心酔してしまった私は、照山さんと占い師を誘って思わず周さんのアパートまで出かけて行った。

「周さん、すごい人を連れてきましたよ。この人、死生存亡や禍福寿夭《かふくじゆよう》を……、あ」

私は思わず『荘子』応帝王《おうていおう》篇を憶いだした。今の自分の状況が、神懸かりの巫《み》、季咸《きかん》を、師匠である壺子《こし》のもとに連れていった列子《れつし》そっくりであることにハタと気づいたのである。

「ほう、……占い師やね。……むふふ」

なぜ気づいたのか周さんは、褌《ふんどし》一丁で行水していた盥《たらい》から出て、すぐにスクワットしながら言った。ナムも同じ盥で水浴びしており、周さんは急ぐでもなくそこを離れ、赤トラと渾沌王子が涼んでいる木陰まで行ってだぶだぶのズボンと㊗Tシャツを着た。

「どうれ、見てもらおっかな」

不安げな照山さんと私が見守るなか、原井氏と周さんはしばらく盥の近くで向き合っていた。そして原井氏は、まもなく私と照山さんのほうへやってきて暗い顔で告げたのである。

「ああ、あなたの先生は死ぬでしょう。生きのびる見込みはないですね。それも十日以内のことです。怪しげな相が見えます。生気のない湿った灰の相ですよ（嘻《ああ》、子の先生死せん。活《い》きず。旬《じゅん》を以て数えず。吾れ怪を見たり、湿灰《しっかい》を見たりと）」

あまりのショックに私は周さんをアパート裏の入り口のほうへ連れ込み、言われたままを告げた。すると周さんは笑いながら言った。

「むふふ、ちょっと大地の相というのを見せてやったのよ。腑抜けのように動くわけでもなく止まるでもない。あいつはたぶん儂《わし》の人相に杜《と》徳機《とくき》つまり徳をつなぎとめるはたらきを見ちゃったんやろな。なんならためしにまた連れてくる？（郷《さき》には吾れこれに示すに地文を以てせり。萌乎《ほうこ》として震《うご》かず止《とど》まらず。是れ殆んど吾が杜徳機を見たるなり。嘗《こころ》みに又《ま》た与《とも》に来たれと）」

驚いた私はまた原井氏をアパート裏まで連れてきた。むろん沈鬱そうな原井氏の後ろから照山さんも従いてきた。そしてしばらく周さんを診ると、今度はまた盥のほうへ私を連れていったのである。

「いや〜よかったよかった。あなたの先生は私に会ったお陰で回復しましたね。充分に生気が漲《みなぎ》ってるし、彼はきっと活力を圧しとどめてるんですね（幸なり。子の先生、われに遇《あ》いて瘳《い》ゆることあり。全然として生あり。吾れその杜権《とけん》を見たりと）」

私はうれしくなってまたアパート裏に戻り、スクワットしていた周さんにそのまま告げた。すると周さんが言った。

「むふふ、今のは天地開闢《てんちかいびゃく》の相とでも云うんかな。名目も実体もまだ現れないんやけど、活気が足裏のほうから湧きあがってくるんよ。あいつはたぶんね、儂の善者機《ぜんしゃき》つまりどこまでも生きつづけるはたらきを見たんよ。なんならまた連れてきたら？（郷には吾れこれに示すに天壌《てんじょう》を以てせり。名実入らずして、機は踵《きびす》より発す。是れ殆んど吾が善者機を見たるなり。嘗みに又た与に来たれと）」

私はまた混乱したまま盥のほうへ行き、原井氏と照山さんを呼んで周さんの許に連れていった。照山さんは汗だく、原井氏はやや不安そう。それでも周さんの前に立ち、じっとその人相を観察し、私と照山さんを盥のほうへ連れていくと、困り果てたように言った。

「あなたの先生は、人相が一定しません。私にはとても占えそうもないですよ。もし一定したら、そのときまた占いますよ（子の先生、斉《ひと》しからず、吾れ得て相《そう》するなし。試みに斉しくすれば、且《まさ》に復《ま》たこれを相せんと）」

またアパート裏に走っていってそのことを周さんに報告すると、周さんは薄笑いを浮かべながら解説するのだった。

「今のが太沖莫勝《たいちゅうばくしょう》いうんやけどな、つまり価値的な差別を超えた虚無の相とでも云うんかな。あいつは恐らく、儂の衡気機《こうきき》すなわち気のめぐりを調和させるはたらきを見たんやろ。だいたい川だって、渦巻く深みの淵もあれば水の動かない深い淵もある。それに水が流れてる深い淵もあるやんか。じつは淵にも九種類あって、儂はそのうち三種類見せただけやねん。ためしにまた連れてくるか、あいつ（郷には吾れこれに示すに太沖莫勝を以てせり。是れ殆んど吾が衡気機を見たるなり。鯢桓《げいかん》の審《ふかみ》を淵と為し、止水《しすい》の審を淵と為し、流水の審を淵と為す。淵に九名ありて、此れ三に処《お》る。嘗みに又た与に来たれと)」

だから見抜かれる

周さんに言われたとおり、私はまた原井氏を連れてきた。照山さんはすでに疲れ果て、行水の盥に扇子を浮かべて嗤《わら》っていた。嫌そうにやってきた原井氏だったが、周さんの前にくるとまだしっかり向き合わないうちに異様な形相になり、なにがなんだかわからない、といった様子で走りだした。周さんが「追え」というので私は追ったが、原井氏は袴の裾を踏んで転びそうになりながらも一目散にいなくなってしまった。戻って周さんに報告すると、周さんは言った。

「今はね、儂《わし》あいつに儂の本質そのものを見せちゃったのよ。ただひたすら自らを虚しくして周囲に従っちゃってね、相手が誰でも関係なくただその様子のままに漂っちゃうのよ。ま、気味悪くなって逃げだしたんとちゃう？（郷には吾れこれに示すに未だ始めより吾が宗《そう》を出でざるを以てせり。吾れこれと虚にして委蛇《あた》し、その誰何《すいか》なるを知らず。因《よ》りて以て弟靡《たいま》を為し、因りて以て波随《はた》を為す。故に逃れしなりと)」

応帝王篇では三日に亘る出来事が、全くそのまま一日で起こったショックは大きかった。私は呆然としたがすぐに恥じ入り、盥の横で「蝶々」を歌いながら扇子を使って踊っていた照山さんの肩を担ぎ、周さんの許を後にした。

未来など想ったこともないナムは憐れむように長く鳴き、赤トラはただそうしたいらしく近くの松の木に駆け上がった。ぼよぼよと佇む渾沌王子も将来など一切考えていそうになかった。

そのとき周さんが後ろから兎跳びで追いかけてきて言った。

「宗久はん、あかんやないの。あんた道を得たつもりで、それで世間に押し通そうなんて思っちゃタ〜メよ。だ〜から占いなんぞに当てられるのよ（而《なんじ》は道を以て世と亢《あらが》〈抗〉い必ず信《の》〈伸〉びんとするかな。故に人をして得て汝を相せしむ）」（応帝王篇）

が〜〜〜ん。それは周さんから初めてされた説教だった。あの原井とかいう占い師にいろいろ当てられたショックも大きかったが、それは知ったつもりの道のせいだというのである。きつい言葉だった。

周さんはすぐに兎跳びで戻っていき、私の肩には太った町内会長の腑抜けた重いからだだけが残されたのである。

お手軽な「信」はいらない

照山町内会長を大きな門構えの家まで送り届け、それから私は庵で夜までつらつら『荘子』を読みながら反省した。

なにより、あれほど未来は分からないものと確認しながら、未来が見えるなどと言われるとつい聞きたくなる。自分のその根性を慚《は》じた。

思えば古来、たとえば聖徳太子も「未然のことを知る」能力があったとされるし、七福神に入った契此《かいし》こと布袋《ほてい》和尚も、予知能力があり、とりわけ天気予報ができて吉凶も占うことができたと云われる。中国で布袋和尚が未来仏・弥勒《みろく》菩薩のモデルにされた背景には、そんな能力も関係しているのだろう。予知能力の真偽はともかく、そうして彼らを讃えるからには、それが我々の最も根深い欲求であることは確かだ。

荘周は、運命への随順を説きつつその運命を予知する占いあるいは霊能力、巫術《ふじゅつ》などは決然と否定する。季咸に対してもあの原井氏に対しても、「追え」と厳しく言い放ったことが憶いだされる。もしも捕まえていたらどうしたのだろう。

そういえば未来へのその態度は釈尊にも共通している。「無記」とは予断なく先の見えない未来へ進んでいく勇気のことだ。浄土教の浄土もキリスト教の天国も、その勇気がもてずに弱気のうちに希望してしまった仮想世界ではないか。

夜更けになって、私は周さんが大宗師と呼ぶものに邂逅したのである。

人の形の若き者《ごと》は、万化して未だ始めより極まりあらざるなり。其の楽しみたるや、勝《あ》げて計《かぞ》うべけんや。（中略）夭《わか》きを善《よ》しとし、老いを善しとし、始めを善しとし、終わりを善しとす。（大宗師篇）

若人之形者、万化而未始有極也、其為楽、可勝計邪。（中略）善夭善老、善始善終。

聖人にとって人間の形など千変万化するものだし、それが無限の楽しみなのだから、若さも老いも始めも終わりも、どれが「縁起がいい」などと思うが愚かというものだ。天運篇には道が内か外のどちらか単独では完結しない微妙な在り方が告げられている。

中《うち》に主なければ而《すなわ》ち止まらず、外に正（的）なければ而ち行なわれざればなり。中より出だす者、外に受けられざれば、聖人は出ださず。

中無主而不止、外無正而不行、由中出者、不受於外、聖人不出。

つまり受けとる主体が心の内になければ道は素通りして止まらないし、また外の条件が整わなくても道は現れない。聖人にとって道とはそういうものだ。簡単に人相見に見抜かれるようなものは道ではなく、「信」なのだ。「信」を金谷治氏は「伸びる」と読ませているが普通に「信じる」意味にとったほうが分かりやすい。未来を勝手に想定し、お手軽に「信」じるのは思いこみと変わりない。だからこそ占い師にも見透かされる。ありのままが全て受け容れられればお手軽な「信」など要らないのである。

私は外へ出て真夏の夜空を見上げ、周さんの初めての叱咤の言葉を噛みしめた。大学からの給与生活者になろうなどという野心も「信」もすっかり消え失せ、再び明日をも知れなくなった我が身がじつに清々しかった。

第十七章
忘れてこそ道

道は虚に集まる

師匠である壺子《こし》に占い師の巫女を引き合わせた列子は、自らの不徳を恥じてその後三年間ひきこもり、毎日妻のために炊事し、心をこめて豚の世話をし、愛憎をもたず、人為的な思いを削り去って素朴にかえり、渾沌として一生を終えたという（応帝王篇）。

削り去りたい「恥」だと感じた最たるものは、おそらく自分が師と仰ぐ人物に対し、是非の評価をしてしまったことではないだろうか。荘周は是非の判断そのものが「自《よ》ること有りて可とし、自ること有りて不可とす」る自分本位のいい加減なものにすぎないという。それなのに私はその教えを理解せず、列子のように、師と仰ぐ周さんをみくびって原井氏に引き合わせてしまった。列子と同罪だった。初めて周さんの叱責に接し、私は庵のなかで呆然としたまま三日を過ごした。

豚の世話をしようにも豚がおらず、妻のために料理しようにも妻はとっくの昔に逃げていた。就職もせず坐禅や托鉢ばかりし、『荘子』にハマってからは奇矯な行動も多くなった私に愛想をつかし、とうとう妻は実家に帰ってしまった。風の便りでは、東京でエアロビクスのインストラクターをしているらしい。

庵の外でやけにうるさくミンミン蟬が鳴いていた。空っぽな腹に直接響いてくる。ひどく腹がへっていることにようやく気づき、私は椅子から立ち上がるとまっすぐ台所に向かい、久しぶりに庖丁を握りながら「道」について思いを馳せた。

思えば道は、すっかり日本人のものになっている。武士道、華道、茶道、剣道、柔道、合気道……。なんでも「道」がつくとそれは終わりなき修練の場になる。そういえば私も剣道を習っていた……。

道とはついに完成せず、それゆえ終わりがないことが前提になっている。だから反対語辞典には道の反対語として「路地」を載せる。道において何より重要なのは師匠を絶対の存在として仰ぐことだ。その道において遥かに先を歩む師匠を弟子が評価できるはずがない。できないはずの評価をしてしまうことこそ最も罪深いことなのだ。

私はいつしか周さんを師匠と仰ぐことを心に確認し、そして庖丁をゆっくり研ぎながら「道」そのものに再び思いを馳せた。

唯《た》だ道は虚に集《とど》まる。虚とは心斎なり。（人間世篇）

唯道集虚、虚者心斎也。

ああ、道はまず心を斎戒《さいかい》しなくてはならない。『老子』の冒頭に云う。「道の道とすべきは、常の道に非ず」。どんな定義もできないけれど、まずは心斎なのだ。心を清め、そして「已《や》むを得ざるに寓すれば、則ち幾《ちか》し」。自分が空腹で已むをえず庖丁を握っていることを確認する。

そして「ハネツルベ」の教えも憶いだす。機心が生じたら道を踏みはずす。機心、つまりうまくやろうという思いも今の自分にはない。

それから私は庖丁を握りなおして骨付きの牛肉をじっと見る。数日まえに駅前の肉屋が大安売りをしており、周さんや赤トラやナムに食べさせようと思って買ったものだった。

道はケラや蟻にも、いや、瓦や屎尿《しにょう》にだってあるというのだから、この骨付き肉にだってあるはずだった。あまねく、ことごとく、「物より逃るることなし」。しかも道は物そのものにあるのではない。骨付き牛肉と私とが、それぞれに「もちまえ」を発揮するような関係のなかに発生するのだ。しかし、骨付き牛肉の「もちまえ」とはいったい何なのか。

ミンミン蟬がなおも姦《かしま》しい。額から汗が落ちて庖丁に落ちる。私はなかなか無心になれず、また庖丁を砥石で研ぎはじめた。

「故」と「性」と「命」

料理人の丁《てい》（庖丁）さんが文恵君のために牛を料理した場面（養生主篇）が憶いだされた。あまりに音楽的な庖丁さばきに感動した文恵君に対し、丁さんは自分が求めているのは技ではなく道なのだと言って、それまでの来歴変化を語る。

牛の解体をしはじめたとき、目に映るのは牛ばかり（どこから手をつけたらいいのか分かりません）でしたが、三年経つともう牛の全体は目につかなくなりました。近頃では、どうやら精神で牛に向き合っているらしく（臣は神《しん》を以て遇《あ》いて）、目で見ているのではありません（目を以て視ず）。感覚器官による知覚（官知《かんち》）のはたらきは止み、精神の自然な活動（神欲《しんよく》）だけが行なわれているのです。自然の筋目（天理）に従うと、牛刀は大きな隙間に入り、大きな空洞に沿って走り、牛の体の必然に従って進みます。靭帯や腱に庖丁がぶつかることもありませんし、大きな骨にぶつかることは尚更ありません。

いかにも名人らしい話だが、このあと丁さんは自分の庖丁がもう十九年も長保ちしていることを告げる。腕がいいと云われる料理人でも刃こぼれのため一年くらいで取り替え、普通の腕なら一ヶ月でダメになるというのに、である。要するに、道を求めつづけた丁さんには、刃先の厚みより遥かに広く、肉と骨の隙間が見える。刃を遊ばすほどの余裕があるし、牛刀の動かし方も微かで済むというのである。

ここには、武道、いや、あらゆる「道」に通じる極意が示されているような気がする。なにも無理をするわけじゃない。天理に従い、自然な仕方で相手の隙を突く。しかもその隙が大きく見えるのだ。バットで球を打つ瞬間に、小さいはずの球が大きく止まって見えるというのも似たような境地だろうか。

私はあらためて庖丁を握り、そして大きな俎の上の骨付き牛肉に向き合った。骨と肉はぴたりとくっついて隙間など見えなかった。

なおもミンミン蝉がうるさい。私は仕方なく居間の椅子に戻って『荘子』達生篇を開き、もう一人の名人に極意を学ぶことにした。それは孔子が呂梁《ろりょう》の滝で出遭った水泳の名手である。

大亀や鰐《わに》、魚やスッポンでも泳げないほど激しい水流の滝壺で泳いでいる男がいた。孔子はもしや自殺かと訝り、弟子たちに流れの岸に沿って救わせようとしたのだが、男は下流から上がってきてざんばら髪のまま鼻歌まじりに遊びだした。孔子は驚いて男に近づくと訊いた。

「鬼神かと思ったら人間じゃないか。ちょっと伺いたいのだが、こんな激しい水流を御するにはなにか秘訣でもあるのかね（請い問う、水を踏むに道あるか）」

「いや、べつに秘訣なんてありませんが、私はただ故《こ》に始まり、性に長じ、そして命《めい》に成ったまでです。渦巻いたらその水とともに沈み、湧きあがる水につれて浮かびあがり、水の法則にただただ従って私を差し挟まないのです。まぁそれが、秘訣といえば秘訣ですかね」

ここでも天理である。水の自然に従えと言う。

孔子はさらに「故に始まり、性に長じ、命に成る」という言葉の意味を尋ねる。すると男は、山間に生まれ山間には慣れていて安らぐという自分の下地が「故」で、水泳が得意で水にも慣れ親しんでいるのが「性」、またどうしてこうなったか知らぬまにこうして泳いでいるのだから、それが「命」なのだろうと言うのだった（吾れ陵に生まれて陵に安んずるは、故なり。水に長じて水に安んずるは、性なり。吾が然る所以を知らずして然るは、命なり）。

私はなおもうるさい蟬の声を聞きながら、自分の「故」と「性」と「命」とを考えた。

要は、慣れて無意識になっていることが大事なのだ。山間の寺に生まれたのが「故」、お経をよんだり坐禅するのが「性」だとすれば、やはり『荘子』、周さんから離れれないというのが私の「命」なのだろうか。もともと料理人でもない私に、庖丁を持っただけで骨と肉の隙間が見えるはずもないが、もしも周さんが私の「命」だとするなら、そのうち周さんのことが具《つぶ》さにわかるようになるのだろうか。

無意識という極意

気がつくと蟬の声がピタリとやんでおり、しばらくしてドアが開くと周さんが明るい声で「元気〜？」と言いながら入ってきた。

「三日も来いひんし、心配したで〜」

そう言いながら、周さんの顔は色艶もよく、張りがある。続けて入ってきたナムと赤トラは、くんくんと部屋の中を嗅ぎ廻っている。一番最後に入ってきた渾沌王子も相変わらずぼよぼよぼよぼよ元気そうだった。私はじわっと嬉しくなったが、平常を装って訊いた。

「あれ、蟬の声が急にやみましたね」

「むふふ。……あれ、儂《わし》よ」

「え。……儂って？」

「儂が鳴いてたの」

「……なんのために？」

「だって蟬って凄いやろ。死ぬ直前まで鳴いてるんやで」

なんだかよく分からなかった。しかし周さんはかまわず「むふふ」と笑い、「こいつらも凄いけどな」と言ってナムの頭と赤トラの尻尾の付け根を撫でた。

私はふいに庚桑楚《こうそうそ》篇の一節を憶いだしていた。


唯《ただ》虫能《よ》く虫たり、唯虫能く天たり。

唯虫能虫、唯虫能天。

難しい一節ではあったが、少なくとも虫たち（鳥獣も含めた動物一般）は人間よりも「工《たくみ》」さがない分だけ天に直結している。危機を感じて防禦する「私」という機構がないから、死の直前まで生を謳歌できるのだろうか。

無意識。そこが天や道への入り口なのだ。意識をもった人間がそこに近づくには、庖丁氏のように無数の牛を解体し、慣れて熟練するか、滝壺泳ぎの名人のように「私」なく相手（水）の性に従う術を身につけるしかない。「虫」でない人間は、慣れて安らぎ、忘却して無意識になるよりほかないのだろう。日本の道もそういえばそうだと、私は思った。

達生篇の別な節には、神技のように舟を操る船頭に、そういう技は学ぶことができるのかと顔淵《がんえん》が訊く。すると船頭は、できるし、泳げる人や潜り上手な人なら舟を見たことがなくてもすぐに操れるだろうと答える。そのわけを訊いても答えなかった船頭の代わりに、孔子が言うのだ。「それは彼らが水を忘れているからだよ」

忘れるほど慣れた人こそ、よく知っているということだろうか。

それにしても周さんは、いったい何のためにミンミンやっていたのだろう。いつのまにか周さんたちは台所に入っていき、「宗久はん、痩せたみたいやけど、腹へってるんとちゃうの？」などと言いつつ「あっ、凄い肉やな」なんて呟いている。そのうち鍋が動き、水の出る音がして、俎と庖丁の音が響きはじめた。

　安心したのかいつしか私は微睡《まどろ》んだらしく、気がつくと目の前の卓子《テーブル》に数品のご馳走が並んで湯気をたて、周さんと向き合っていた。ナムと赤トラも一つの椅子に仲良く坐り、渾沌王子が三つめの椅子を占領してぼよぼよ震えていた。

「さ、遠慮のう食べてや」

　黄色いタオルを鉢巻きして汗をとめ、首から下は汗だらけになった周さんがそう発声すると、みんな一斉に食べはじめた。私は嬉しかったが、自分の家の材料だし遠慮してはいられない。箸を伸ばし、あちこちのおかずを挟んでは無心に口に運ぶうちに、卓子の全体が見えなくなった。まるで精神で卓子に向き合うように、箸を出すべき隙間が明らかに見えだしたのだった。伸ばした箸がナムの口にぶつかることもないし、赤トラの手を遮ることもない。箸は必要な隙間に余裕をもって入っていくではないか。「故」と「性」と「命」が一体になって箸の先に宿っていた。

　私は暑さで朦朧としながらも、食べる「道」を会得した喜びで随喜の涙を流していた。「先生！」私が食べ終えて周さんに報告しようとすると、すでに「食道」の達人・達猫・達犬たちは、食器を洗いだし、手で顔を洗い、卓子に頤《あご》をのせて休んでいた。渾沌王子だけは食べたのかどうかさえ杳《よう》として知れず、台所からはミンミンと唸る声が水音に混じって聞こえだした。それはたった今食べた料理まですっかり忘却の淵へ追い込むような、魔力的な鳴き声だった。

第十八章
明を以《もち》うる

無為自然

老子は「無為」を説き、人為的な行ないを否定した。また言語表現にも懐疑的で、言葉や感覚を信じすぎず、多くの物をもたない生活をするよう奨めた（『老子』第二章「聖人は無為の事に処《お》り、不言《ふげん》の教えを行なう。」第二十三章「希言《きげん》は自然なり。」第四十六章「禍《わざわ》いは足るを知らざるより大なるは莫《な》し」等）。老子が住むのは天地の間だが、儒家のように「天」や「命」を信じすぎることはない。「至誠通天」という楽観はなく、天地はもっと非情で無心なものだと考える（第五章「天地は仁《じん》ならず」）。いくら誠を尽くしても通じないのが「自然」であり、その自然に従うことこそ天地のように長久たりえる原理なのだ（第七章「天長地久」）。

基本的にこの考え方は、荘周においても変わらない。『荘子』で最初に「自然」が登場するのは徳充符篇だが、そこで荘周は恵施に向かって、好悪に支えられた情を否定し、「常に自然に因《よ》りて生を益さざる」べきだと言う。つまり、自分の生にとってよかれという私情こそが良くない。それによって却って身のうちを傷つけるのだから、私情なく自然に従うべきだというのである。

また応帝王篇では、天下を治める方法について質問した天根に対し、無名人という奇妙な人に答えさせる。

汝、心を淡に遊ばしめ、氣を漠《ばく》に合わせ、物の自然に順《したが》いて私を容るることなければ、而《すなわ》ち天下治まらん。

汝遊心於淡、合氣於漠、順物自然、而無容私焉、而天下治矣。

ここでも自然は私を交えないことだとされる。『荘子』にはしばしば恬淡《てんたん》無為という言葉が理想の在り方として出てくるが、心を淡に遊ばせ、氣を漠に合わせるというのはいかにも荘周らしい。ここで荘周は天地を超出し、いわば六極（天地と四方）の外の宇宙と、氣によって繋がっている。そこに

「無何有《むかう》の郷《きよう》」（何物も存在しないところ）があり、その果てしなく広々した曠野に出たりまた戻ったりしているというのである。

無何有の郷

おそらく、荘周における自然は老子よりも広く、宇宙的規模で見据えられている。大宗師篇には道が、天空の極み（太極）より上にあっても高いとは認識されず、この世界（六極）の下にあっても深いとは思われず、また天地より先に生まれても久しいとはされないと書かれている。

これは認識や思考、さらには通常の知覚も働いていない状態で荘周が存在していることを意味する。高い低いを否定するというより、そのような知覚や思考が働かない状態こそ道に適っていると言いたいのだ。ただ宇宙的直観（氣）だけが通じている状況で、荘周は無何有の郷に独り佇んでいるのである。

仏教の云う「実相」と「色」との関係もこれと同じである。空なる実相に、「私」を交えて知覚されたものが「色」だから、色はすべて空であること（「色即是空」）をまず認識せよというわけだが、これはいわば「私」の状態の問題なのだ。釈尊は菩提樹下での瞑想によってそのような状態に達し、菩提達磨は壁観によってこの視座を得た。

はてさて周さんはどうやって、と思いつつ『荘子』を捲《めく》っていると、ちゃんと方法もあるではないか。大宗師篇に南伯子葵《なんぱくしき》と女偊《じょう》との問答として簡潔に書かれている。年に似合わずまるで子どものように若々しい女偊が、その秘訣は「道」だと言い、具体的にそこへ至る筋道を示す。それによれば、まずは「副墨《ふくぼく》の子」、つまり文字がきっかけだと言う。それを次には「洛《らく》（絡）誦《しょう》」、つまり連続で暗誦する。それから実際に眼で確かめ（瞻明《せんめい》）、耳で聞いて確かめ（聶許《じょうきょ》）、実践し（需役《じゅえき》）、それによって歓喜を味わい（於謳《おおう》）、霊妙な真理そのもの（玄）に冥合し（玄冥《げんめい》）、寥たる実相に参入し（参寥《さんりょう》）、そしてとうとう万物の始原に擬《なぞら》えた道に達する（疑《ぎ》〈擬〉始《し》）というのである。

女偊はまた、道に到達するには素質も関係するけれど、素質のある人が道に至る実践の過程では、まずこの世界のことを忘れ（外天下）、万物の存在を忘れ（外物）、自分が生きていることさえ忘れる（外生）のだという。そうなると明け方の空のように澄み渡った（朝徹）境地になる。そこには何の対立もなく（見独）、古今という時間の流れも存在しない（無古今）。そのような状態はすでに不死不生だというのだ。

これは以前にも示した「攖寧《えいねい》」へのプロセスである。「攖寧」は荘周の規定する道で、それ自身は不生不滅（不死不生）だからこそあらゆるものの生死に関わり、自らは静謐でありながらあらゆるものを送りだし、迎え入れ、あるいは滅ぼし、あるいは生成する。「攖《ふれあ》（触）いて而《しか》る後に成る者」なのである。

分別を超える「明」

いつしか私の耳には、ミンミンという周さんの声がまた甦っていた。久しぶりに表に出てみると、本物の蟬の声が遠くから聞こえた。

朝から私は『荘子』を読み返し、それらの言葉を理解し、暗誦することが入り口だという部分で安心もし、『荘子』の代わりに『般若心経』など唱えながら朝徹の境地を模索していたのである。

たしかにお経を唱えていると、世界を忘れ、万物を忘れたような気分になる。しかしまだ生を忘れることはできない。

私はふと遠い蟬の声に耳を傾け、「攖寧」の心でちょっとだけ試してみようと思った。「………」しかしやはり恥ずかしい。

なぜか子どもの頃の、蟬取りの様子などが浮かんできた。そういえばあの頃は、木の下に佇みながら頭は完全に頭上で鳴く蟬に同化していた。……今度は思い切って声にだしてみた。

「ミ〜〜〜〜ン、ミンミンミンミ〜〜〜〜〜ン」

「ミ」も「ン」もその移り変わりの過程も、なんだかやけに脳圧があがる。残響が頭に満ちてくる。私はただ無心にもう一度試みた。ああ、なんという歓喜だろう。そこには何の対立もなく、古今もなかった。私はとにかく素直に師匠の行を実践し、歓喜を味わった。そして霊妙なる玄に冥合しそうな予感にうちふるえるのだった。

私は夢中になり、空腹も忘れて鳴いた。散歩しながら鳴きつづけていると、心が淡になり、氣が漠にピタリとあい、そうして「ミンミン」というひどく頭蓋に響く音の広がりにしたがって自分が宇宙大に広がっていくような気がした。朝顔が咲き、矢車草が咲き、向日葵も大らかに咲き、そして私も青空の下で咲いている。ああ、「私なき自然」とはこれではないのか。おおおお、そういえば……。私はまだ無何有の郷に出る手前で、ふと歓喜しつつ大いなる覚醒を得た。

「周さんのあの鳴き声はもしや……」

もしや私に「明明《ミンミン》」と示していたのではないか。

老子が「常を知るを明と曰《い》う」（第十六章）「明に襲《よ》る」（第二十七章）などと限定的に使った「明」が、荘周においてはもっと大きな位置を占めてくる。殆んどそれは、荘周における悟りの境地の表現と言っていいだろう。

彼と是れと其の偶《ぐう》を得るなき、これを道枢《どうすう》と謂《い》う。枢にして始めて其の環中を得て、以て無窮《むきゅう》に応ず。是《ぜ》も亦《ま》た一無窮、非も亦た一無窮なり。故に曰く、明《めい》を以《もち》うるに若《し》くなし。

彼是莫得其偶、謂之道枢、枢始得其環中、以応無窮、是亦一無窮、非亦一無窮也、故曰莫若以明。（斉物論篇）

「詭弁の恵施」（一四九頁）のところでも振り返ったが、すべてを二項対立ではなく無窮の変化の一つとして捉え、枢《とぼそ》のように三百六十度に対応できるのが「明」だ。その立場によって初めて世界は万物斉同になる。続いて斉物論篇には「明を以う」ることについて述べられる。

物と我と与《とも》に成るなし。是の故に滑疑《こつぎ》の耀《かがや》きは、聖人の図る（鄙《いやし》む）所なり。是れが為《た》めに用いずしてこれを庸に寓す。此れを明を以うと謂う。

物与我無成也、是故滑疑之耀、聖人之所図也、為是不用而寓諸庸、此之謂以明。

ここで「成る」とは完成である。もともと物にも人間にも完成はない。道に終わりはないからである。だから人目を惑乱するような耀きを、聖人は鄙む。「滑疑の耀きを鄙む」とは荘周の言う「葆光《ほうこう》」（斉物論篇）であり、老子の「和光同塵」（第五十六章）にも通じる。目立った行動は厳に慎み、自分の判断など働かせず、平常な自然に任せていくことこそ「明」を以うることなのだ。

朝徹の境地、か？

私は庸に寓し、ごくごく自然に「明明」と鳴きつづけた。滑疑の耀きにならないよう、少し声を小さめにした。

丘を越え、野を歩き、ときには『荘子』のさっきの一節をお経のように唱えながら私は歩きつづけた。

「ミ〜〜〜ンミンミン、ヒーゼーバクトクゴーグウ（彼是莫得其偶）〜〜バクニャクイ〜ミョウ（莫若以明）、ミンミンミン、ブツヨ〜ガームージョウヤー（物与我無成也）ゼーコーコツギーシーヨウ（是故滑疑之耀）ミ〜ンミンミン……」

私の知性は霧消し、莫たる氣だけになり、あわや寂寞の境地かと思えたときだった。

河原に近い草原を歩いていた私は、セイタカアワダチソウの茂みの中から、やはり「ミンミン」鳴きながら近づいてくる周さんに気づいたのである。

炎天の下、私たちは右手を挙げて微笑みあったが、鳴き声はやめなかった。一歩進むごとに私より少し音程の高い周さん蟬の声が近づいてくる。周さんの後ろには助さん格さんのようにナムと赤トラも従いてくる。二匹の耳は聳《そばだ》ち、世界は蟬の声に完全に包まれるが如くであった。

暑かった。太陽はほぼ真上にあり、間合いはじりじりと詰まってくる。渾沌王子の姿が見えないことが気になったが、それよりも私は周さんの眼を見つめ、鳴きつづけることに必死だった。

なぜ必死なのか、そんなことは分からない。私はいつしか巌流島の武蔵と小次郎の決闘を思い、太陽の位置を確かめながら立ち止まり、そして鳴きやまず周さんを見つめたまま、右側の茂みに右足を踏み込んだ。

そのときである。茂みの中で若い男女が半裸で抱き合っているではないか。そして渾沌王子がいつのまにかその二人の足許でぼよぼよぼよぼよご機嫌そうに揺らめいている。

私は思わず鳴きやみ、しかし周さんはなおもミンミン鳴きながらその絡み合いを見つめていた。さても自然とは恐ろしい。そう思う私はまだまだ明を以いきれない自分を恥じた。

心斎することそれから七日。

私はようやく明けの明星を見て朝徹の境地に至り、また久しぶりに周さんのアパートまで出かけて行った。口にはダラニのように『荘子』を唱え、我を忘れ、世界を忘れ、けれどもアパートへの道は忘れなかった。思わず道元禅師の歌が浮かぶ。

水鳥のゆくもかへるも跡たえてされども道は忘れざりけり

私はその歌を口ずさみ、朝靄に煙った河原をみやりながら思わず「むふふ」と笑った。そして私は、それから自分の朝徹の境地を周さんに検証してもらおうと、意気揚々とアパートまで闊歩し、勢いよく二階の部屋のドアを開けたのである。

しかし私がそこで見たものは、思わず襟を正してしまうような立派な紳士だった。が、私のシャツに襟はなかった。診察台を挟むように周さんと向き合った紳士が礼をしてから口を開いた。

「孟子《もうし》と申します」

迷惑そうに耳を寝かせた赤トラ、そしてピクリとも動かない王子とナムを診察台の横に見つめながら、私は思わず深々とお辞儀していた。

第十九章

孟子、見参

百家争鳴

モーさんが突然周さんのアパートにやってきた。モーさんというのは、言うまでもなくあの孟子こと孟軻《もうか》である。

孟軻（字は子輿《しよ》）は紀元前三七〇年頃、今の山東省にあった小国、鄒《すう》に生まれたとされる。馬叙倫の推定だと、荘周の生年は前三六九年で孟軻の一つ上、しかも荘周の生きた弱小な宋の国も今の河南省だから、二人はすぐ近くでしかも同年代だったことになる。

文献上は、二人の会見は記録されていない。しかし時空を超え、突然アパートに来てしまったのだから、私にもどうしようもない。

二人の会見を実録するまえに、ここで少し当時の中国の状況をごく大雑把にスケッチしておこう。

まず特筆すべきは、彼らの生きた戦国時代に入るまえに、戦争のやり方が大きく変化したことだろう。周王朝が弱体化し、諸侯国が解体・統合を繰り返す春秋時代末期、具体的には紀元前五世紀の初め、呉の国がまずそれまでの戦争の常識を覆す。それまでは両者見渡せる平原に日時を決めて布陣し、戦車を中心にして開戦を合図してから戦い始めた。兵力も数百から数千という小規模なものだった。ところが呉越同舟で知られる越との戦い、あるいは楚との戦いで、兵力は一気に百万人規模に膨れ、ほとんど国民総動員という状態になる。移動距離も数千キロに及び、何年もかかる持久戦があちこちで繰り広げられるようになっていく。「雪辱」で知られる越王勾践《こうせん》の勝利は「会稽《かいけい》の恥」の二十年後だった。

むろん兵隊の主力は「衆卒」と云われる庶民である。紀元前二六〇年、秦と趙との戦い（長平の戦い）では、趙側だけで四十万人が死んだと云われる。このような悲惨な状況のなかで諸子百家が理想の政治や戦争の在り方、あるいは人生についての思索を深めていくのである。「諸子百家」という言葉は前漢の『史記』の初出だが、ちなみに『漢書』「藝文志」には百八十九家が記録されている。

大まかに分類すれば、そんな世の中であっても君主の「風」の如き徳に期待し、まずは家を斉えるところから始め、天下を平和に導こうという孔子がいた。三千人いたとされる弟子の流れが儒家と呼ばれるが、「仁」「義」「礼」「智」や「孝」「礼」「楽」などを重んじ、人々の「恥」の意識を信じようとした。実際に政治に携わる立場を得る（従政）弟子もいたが、孔子自身の遊説はなかなかうまく行かず、堯・舜や周の初代文王の子、周公旦を理想とした徳治は、戦国の世には通じなかったと云えるだろう。「人知らずして慍《うら》みず、亦《ま》た君子ならずや」（『論語』学而篇《がくじ》）という言葉には、不遇でありつつなんとか矜持を保つ、孔子自身の寂しい横顔が見える。

徳による治世とはいくらなんでも甘い。人の性は後天的な努力や学問によって初めて善になる。そう考える人も儒家の中から出てくる。性悪説を唱えた荀子《じゅんし》である。しかし、だからこそ「礼」が大事なのだとする荀子に対し、荀子に学んだ韓非子《かんぴし》は、儒家全体の人間観察があまりに楽観的だと考え、「法」による厳しい規制こそがこの現実を収めるものだと「法家」を立てる。やがてこの考えに共鳴し、「此の人を見、此《これ》と遊ぶを得れば、死して恨みず」（『史記』老子韓非列伝）とまで賞讃したのが秦の始皇帝だった。

『韓非子』の「矛盾」の逸話は有名だが、これも元々は堯・舜を理想とする儒家を批判する話である。つまり、混乱した国土を整えるため三年も各地を走りまわり、自ら率先して働いた舜を讃えるのはいいが、いったいそんな世の中に誰がしたのか、というのだ。堯の統治がまずかったからこそ舜が活躍したのではないか。堯と舜を共に讃えるのはまったく「矛盾」で、天下無双の盾と矛が共存するようなものではないか。

面積が狭かったとはいえ、中国全土を最初に統一したのはこの韓非子の法治主義に依る始皇帝の秦だった。しかし徹底した結果主義、能力主義で賞罰にも厳しく、どんどん細かい法律を増やしていったこの国は、十五年しか続かなかった。「恩愛の情にとぼしく、虎狼のような心」(『史記』秦始皇本紀)と描かれた始皇帝の性格のせいもあるのだろうが、この国が創始した郡県制と法治主義、官僚体制などが実効を発揮するのは、むしろ儒学による「徳治」と「法治」の折衷をめざした漢代になってからだった。

人の性とは善なのか悪なのか。それは治世の前提として大きな問題である。孔子があまりこのことに言及しなかったせいか、その死後に盛んに議論されることになる。「性相近きなり。習い相遠きなり」(『論語』陽貨《ようか》篇)という孔子の言葉は、大切なのは性よりも習慣なのだと受け取れる。また弟子の子貢も、先生からは性と天道についてあまり教わらなかったと歎いている(同、公治長《こうやちょう》篇)。ある種君子らしい茫洋としたところが孔子にはあり、それが後世さまざまな分派を生むのだろう。

面白いことに、孔子の弟子を「礼」を重視する一派と「孝」を重視する一派に分けると、「礼」の一派（子游《しゆう》・子夏《しか》など）の流れから性悪説の荀子が生まれ、「孝」の一派から性善説の孟子が生まれる。

忍びざるの心

多くの弟子のなかでも特に「孝」を強調し、『孝経』を書いたのが曾子《そうし》の門人たちだが、この人に孔子の孫、子思《しし》が弟子入りする。そしてその子思の門人に学んだのが孟子なのである。

　人皆人に忍びざるの心有り。（『孟子』公孫丑《こうそんちゆう》上）

孟子はそう言って人間に潜む共感の能力を根拠に、徹底して善なる性を信じる。たとえば幼児が井戸に落ちようとするのを眼にすれば、誰でも瞬時にいたたまれない気持ちになるだろう。まるで「ミラーニューロン」を知っていたような話だが、さらに孟子は、その素朴で善なる心を、「四端」として説明する。即ち思いやりいたわる

「惻隠《そくいん》の心」、悪行を羞じにくむ「羞悪《しゅうお》の心」、謙《へりくだ》り遠慮する「辞譲《じじょう》の心」、善悪を判断する「是非の心」。そしてその四つが、「仁」「義」「礼」「智」それぞれの端緒になるというのである。

孟子は斉の威王が学者を優遇した「稷下《しょっか》の学」にも出入りし、またあの恵施が宰相を務めた魏（梁）の恵王にもその死の前年に面会している。西隣から圧迫する秦に較べると人口が少なく、ひいては軍事力や生産力に差が出ることを気にした恵王に、そんなことは「五十歩百歩」であり、大事なのは仁義に基づく政治の有無なのだと窘《たしな》めている。

梁（魏）、斉、宋、薛《せつ》、滕《とう》、そして魯へと孟子の遊歴の脚は伸びる。滕の文公には井田《せいでん》制という土地と税金のシステムを説き、学校の整備を勧め、とにかく「恒産無ければ恒心無し」という考え方で現実的な方策を示す。「生を養い死を喪して憾みなきは、王道の始めなり」（『孟子』梁恵王《りょうけいおう》上）、つまり衣食住が調って生が養われ、しかも死者の葬送がきっちり行なわれることこそ王道の始めだというのである。

実際には、数年滞在した斉の国でも王道政治を実現することはできなかったわけだが、「大丈夫」な孟子は「志を得ざれば独り其の道を行く」。最近は、著述に専念しているとも聞いていた。しかしいったいぜんたい、何の用事があって周さんのアパートにやってきたのか。

孟母三遷の真実

明るい部屋には、次第にモーさんの発する「浩然《こうねん》の氣」が満ちはじめていた。世界を明るくする道徳性をもったエネルギーを、モーさんはそう呼ぶのだが、それによるのかどうか、赤トラやナムも次第に部屋の中を自然に歩きまわるようになっていた。ただ渾沌王子だけは少し億劫そうに壁に寄りかかっていた。

診察台の周囲に椅子を置いて三人で坐り、周さんは遠慮なく訊いた。

「あんたのお母はん、有名やけど、まだ元気なん？」

モーさんは一瞬沈痛な面持ちになり、母親がすでに亡くなったことを告げてから、誤解を解くように丁寧に話しだした。私も孟子だと聞いてすぐに憶いだしたのは「孟母三遷」やら「孟母断機」で有名なあの母親のほうだった。本人もそれが嫌らしく、「マザコンじゃないんですよ」と言いつつ次のようなことを話したのである。

自宅が墓の近くだと幼い孟子がお葬式ごっこをし、市場の近くに引っ越したら今度は商売のまねごとばかりする。仕方ないので最後に学校の近くに引っ越した、というのが「孟母三遷」の教えだが、あれはじつは教育に自信がもてず情緒不安定で環境にばかり依存していた母が右往左往していた姿だと言うのだった。

また遠国での学問を途中で投げ出し、帰ってきた孟子に、いきなり織っていた布を裁ち切ったという「孟母断機」の教え。あんなの教えなもんですか、と孟子は淋しそうにわらった。学問を中断するのはこれと同じだって示したって言いますけど、単なるヒステリーでしょう。

私はあまりの解釈に驚いてモーさんと周さんを見つめたが、周さんは莞爾と微笑み、

「なんやあんた、ようわかってるやないの」と言ってモーさんの肩を叩いた。

周さんが黄色いTシャツ姿で右手を出し、モーさんも戸惑いつつ紺色の背広の右手を出して握手した。おお、それは中国思想史を塗り替えるほど画期的な出来事ではないか。しばらく朝日の中で手を揺すり合ってから周さんが訊いた。

「ところであんた、お母はんのこと話しに来たわけやないんやろ」

「も、もちろんです」

「じゃあ、なに？」

「あ、……じつは」

悠揚迫らぬ姿勢のまま、モーさんは顔だけ少し恥ずかしそうにして言った。

「最近どうも、浩然の氣が、……衰えてきまして」

「……更年期とちゃうの」

「え」

あまりの返答に沈黙が五秒、いや十秒は続いただろう。周さんは「ごめん」と素直に謝ったが、誰も笑わないことが不満のようだった。十二秒ほどして私が笑ったが、まったく無駄な笑いだった。

己に反求す

周さんは久しぶりに真面目な整体師の顔になり、「服脱いで、ここに横になって」とモーさんに命じた。私や赤トラやナムが見守るなか、モーさんは上衣を脱ぎ、上等なネクタイをはずし、安心したようにその屈強そうな身を周さんに委ねたのである。

まず腹ばいになり、それだけで苦しそうな声を出すモーさんの背中を、周さんは両手で圧していった。

「こらぁ、凝ってるわ」

「うっ、はい」

「ちょっとあんた、反省がすぎるんとちゃうか」

「うっ、反省、ですか」

「行ないて得ざる者あれば、皆諸《これ》を己に反求《はんきゅう》す、ってか」

「……うっ、はい」

「返事は要らんよ。圧されたら黙って息吐いて」

「…うっ」

それは確か、『孟子』離婁《りろう》上にあるモーさん自身の言葉だった。思い通りにいかない場合は、その原因が全て自分にあるのではないかと常に「反求」するというのだ。他責的な今の世の中では考えられないことだが、それ以上に驚いたのは周さんが『孟子』を読んでいたことだ。しかもどうやら暗記しているではないか。

しばらく揉み続けていた周さんは、なんだか辛そうな顔で呟いた。

「誠は天の道なり、か。……美しいなぁ」

それもやはり離婁上にあるモーさんの言葉だった。

「身に反《かえり》みて誠あらば、楽しみ焉《これ》より大なるは莫《な》し。……そうだよなぁ」

「………」

「せやけど、……凝りすぎや」

「……うっ」

「……あんたは大切な人や。……立派や。……養生してもらわな……困る」

「はい」

途中から、モーさんは圧されるたびに「ありがとうございます」と言い、次第に声も出なくなってただ眼を閉じ、頷くように頭を枕に圧しつけた。気がつくと周さんも圧しながら眼を潤ませているのだった。

「はい、今度は仰向けや」

言われてモーさんが裏返ろうとしたときだった。くるりと廻した足の先がたまたま通りかかったナムの頭を打った。また大きく動かした右手が赤トラの胴にたまたま当たったのだった。モーさんは彼らの妙な声と同時に両手両足を縮め、慌てて起き上がると診察台から降りた。そして畳に正坐し、二匹に謝ったのである。

「人皆、犬猫にも忍びざるの心有り、やな。……儂《わし》かてそう思うで」

周さんのその言葉に関係なく、モーさんはナムと赤トラを涙ぐみつつ見つめ、何度も頭を下げるのだった。

第二十章
忠犬ナム

墨子の兼愛

荘子や孟子の生きた戦国時代、一世を風靡していたのは墨子《ぼくし》（墨翟《ぼくてき》）や楊子《ようし》（楊朱・楊子居）の思想だった（「楊朱・墨翟の言、天下に盈《み》つ」『孟子』滕文公《とうぶんこう》下）。楊子は老子の弟子とも云われ、己の生命の保全と安楽とを説いて個人主義・快楽主義と称され、道家の魁《はし》りの一人に数えられる。一方の墨子は、孔子の国である魯を拠点として集団を組織し、思想集団でありながらある種の軍事組織になっていく。

墨子は「兼愛《けんあい》」という独特の愛情と「非攻」とを説き、侵略戦争を否定したわけだが、よくある平和運動家のようにシュプレヒコールを繰り返すのではなく、とにかく実力での侵略阻止を目指した。大国に攻められる小国があれば救援に駆けつけ、多彩な技術を駆使して城の防衛に尽くす。世に云う「墨守」は、もともと彼らの守城技術の高さを讃える言葉で、『史記』には「墨翟之守」と評される。また『墨子』には具体的な軍事技術に関する約二十もの篇が含まれるのである。

『論語』ではまったく言及されない墨子の存在が、『孟子』では目の敵のように批判される。孔子から孟子までには百年ほど時差があるから、その間に墨子が勢力を伸ばしたことは間違いないが、「革命」を肯定する孟子とすれば、墨子の軍事行動よりむしろ彼の説く「兼愛」が許せなかった。兼愛とは、自己への愛をそのまま他者にも向けた愛だという。主君や父兄、家臣や子弟に対しても、自分を愛するのと同じ愛を振り向ければいい、いや、そうすべきだと墨子は言うのである。

若《も》し天下をして兼ねて相愛《あい》し、人を愛すること其の身を愛する若《ごと》からしめば、猶《な》お不孝の者有るか。父兄と君とを視ること其の身の若ければ、悪《いず》くんぞ不孝を施《な》さん。猶《な》お不慈《ふじ》の者有るか。子弟と臣とを視ること其の身の若ければ、悪くんぞ不慈を施さん。故に不孝不慈は有ること亡《な》し。(『墨子』兼愛上篇)

すべての人が自分を愛するように他者を愛すれば、世の乱れはなくなると墨子は言う。しかしはたしてそうか。孟子は真っ向から反対する。

墨子は兼愛す。是れ父を無《な》みするなり。父を無みし君を無みするは、是れ禽獣《きんじゅう》なり。（『孟子』滕文公下）

父や君主への愛情が、自分への愛と同じだなんて、それじゃ禽獣じゃないか。楊朱のように、自分のためだけに行動するのも君主を無視することだが、墨子みたいに無差別に他人を愛するというのも父や君主を無視することにならないか。楊朱や墨翟のようなでたらめな言説が流行るから仁義が妨げられ、人心が惑わされるのだ……。

そう、孟子は力説しているのだが、これは禽獣であるナムや赤トラ、とりわけ忠義の動物ナムにとってはじつに微妙な考え方だった。

赤トラもそうだが、ナムは父親に会ったことがない。君主たるべき飼い主には見切りをつけて出てきてしまった。親に孝、君に忠を尽くそうにも相手は周さんしかおらず、周さんは恬淡無為でとりつく島もない。ちょうどそんな寂しさを感じていた矢先に、ナムはモーさんに出逢い、あまつさえお詫びの土下座さえ受けてしまったのである。

目覚めたナム

私は毎日周さんのアパートに通いつつ、ナムの変化に目を瞠《みは》った。

モーさんはなぜか周さんのアパートに居ついてしまい、しかもシーさんこと恵施が滞在したときとは違い、彼は夜になるとナムに右腕を、赤トラには左腕や胴などを快く枕として提供するらしかった。これはぶつぶつと、渾沌王子が呆れたように呟くのを聞いたのである。

赤トラはさほどでもなさそうだったが、ナムにとっては初めてのめくるめく歓喜の日々が、孟子の到来によって始まったのである。

朝食を終えた頃に行ってみると、毎朝モーさんは家の前の草原で、「お手」「おかわり」「伏せ」と無意味なほどナムに要求していた。しかしなにかを要求される喜び……、ああ。ナムはときおり随喜の尿を飛ばし、涎《よだれ》も垂らした。毛艶も次第によくなっているようだった。

それからモーさんは、ゴムボールを思いきり投げ、ナムは思いきり走ってそれを捕まえ、間髪おかず引き返す。舌が慣性の法則で後ろに流れ、気持ちよさそうに細められるナムの目……。まるで人様の役に立つ喜びを知ってしまったとでもいうように、ナムはモーさんへの盲従そのものに歓喜するのだった。

あるときモーさんが呟いた言葉がナムの心を射貫いた。ちょうど草原にはコオロギが鳴き、モーさんはそのなかに浩然の氣を色濃く発散させながら言った。

「ハチ公も犬なり、ナムも亦《また》犬なり」

私は当然、『孟子』離婁下の「舜も人なり、我も亦人なり」を憶いだした。そうしてナムは、自分も努力すればハチ公のようになれると信じ、モーさんに誘われるまま、一緒に隣町の犬の訓練学校エコール・ド・ポチに通いだしたのである。

月日はあっさり流れ、我々は皆息災に暮らしていたのだが、金木犀が咲き香り、山々が紅葉し、川の水が澄んで冷たくなる頃にはナムもすっかり顔つきが変わっていた。散歩の引っ張り防止、飛びつき改善のコースは優秀な成績で終えたナムだったが、トイレ使用について悩み、また百円ハゲが復活したのである。もともとナムのトイレはアパート前の草原全体のようなものだった。しかしモーさんは階段の下の箱の砂にするよう厳命した。「ええやないの、べつにどこでも」周さんは笑ってそう言うのだったが、毎朝起きると一人で廊下や階段を掃除しているモーさんは「駄目です」ときっぱり言った。浩然の氣はすっかり復活していたのである。

しかしあるとき、大変なことになった。ナムの指導方針でぶつかり、モーさんが学校で一人の訓練士と議論したらしいのだが、なんとそれはあの墨子の弟子だったのである。

モーさんによれば、墨田と名乗るその男は、墨子の「非攻」「兼愛」の精神で大国の侵略に対峙すべく、ごく最近までアフガニスタンのペシャワールに居たらしい。明言はしないものの、アル・カーイダのメンバーと協力し、どうやら自爆テロの指導などしていたらしい。なるほど「義」のために死をも辞さないのは墨家に特徴的な生き方だった。

しかしエコール・ド・ポチで問題になったのはそのことではなく、また「兼愛は犬愛だ」という彼の口癖でもなかった。要は「忠」についての考え方が世間一般、いや特に孟子とは全く違ったため、「忠犬ナム」の養成に極めて現実的な問題が生じたのである。

仁義よりもちまえ

墨田は墨子と同じように、たとえ主君や上司であっても過ちがあれば諫《いさ》め、善い意見を奏上し、しかも手柄は主君のものとし、憂いは自分が引き受けるべきだと主張した（上に過ち有れば則ち之を微《うかが》いて以て諫め、己《おのれ》に善有れば則ち之を上に訪《はか》り、而して敢《あえ》て以て告ぐる無し。外其の邪を匡《ただ》して其の善を入れ、同《どう》を尚《たっと》びて下比《かひ》無し〈『墨子』魯問篇〉)。

後半はともかくも、要するに墨家は、上意に逆らってでも、その欠点や不正を忠告せよというのである。公孟篇には儒者を皮肉り、「たとえば鐘のごとく、打てば鳴り、打たなければ鳴らない」と述べられるが、墨家の推奨するのは「打たなくとも鳴る」家臣なのだ。

むろん孟子は、主君には最大限の誠を尽くして接する。実際、『孟子』に見られるモーさんの話術は見事で、うまく主君のご機嫌もとりながら自分の言いたいことを存分に説示する。そこには目の前の人間関係を重視し、あくまでも和気を壊さない十全な配慮がある。

モーさんにしてみれば、主人に逆らって吠えて諌めるような忠犬を育成してもらっては困るのである。

しかし、もっと困っているのはナムだった。とうとうナムは、モーさんと墨田との口論のとばっちりを受けてエコール・ド・ポチを中退したのだが、自分の性《もちまえ》としての忠誠心に目覚めてしまい、さりとてこのままモーさんに忠誠を尽くすのもどうかと思い、ハゲまで復活させて悩んでいたのである。

スイッチョンが外で鳴いている秋の夜、私と周さんと王子と赤トラは診察台の横にセットした雀卓を囲み、モーさんとナムは傍らで発語訓練をしていた。

モーさんの両手で押さえられたナムの口から「……じん」「……ぎ」と聞こえてくる。うまく口が開けず、ワンが「じん」と聞こえ、口の閉じぎわに牙が擦れあって「ぎ」と聞こえるのだった。

「ほら、いいぞ、もう少しはっきり」

「……ジン」

「そうそう、うまいぞ」

スイッチョン。

「それポン、上がりやな。メンタンピン、ドラドラ。安いけどな」

突然周さんがそう言ってからモーさんのほうを振り向いた。

「もう、その辺でやめといたらどや」

「……なにをです？」

モーさんが真面目に聞き返すと、周さんはすぐには答えず、牌を掻き混ぜた。するとさっきと同じように赤トラが牌にじゃれて台の外まで飛ばし、私が拾いに行く。スイッチョン。ふと横たわったナムを見ると、窓の外の青い月を見上げ、目を潤ませているようでもあった。

「ナムのもちまえもあることやし、黙ってたけどな、仁義なんて鳴かせたらあかんわ。ナムも、もうええやろ」

ナムはすぐに耳を立てて周さんに向き直ったが、うまく鳴けなかった。周さんはかまわず牌を掻き混ぜて積みだし、今度はモーさんに背中を向けて言った。

「あんたももうすっかり元気や。そろそろ帰ったらどや」

孟子、天籟宮を去る

黙って牌を積む周さんの背中をじっと見つめ、モーさんは静かに立ち上がるとナムの頭をひとつ撫でて部屋を出ていった。まもなくナムもそれを追った。スイッチョン。

「ほら宗久はん、積んでや」牌が積めるのは私と周さんしかいないから、私たちは赤トラの邪魔をかわし、渾沌王子のぼよぼよを横目で眺めながら牌を積み、四つの山に分けていった。

「だいたい、宗久はんのせいやで」

サイコロを振りながら周さんが言った。

「そないに恵施やら孟子やら、出さんでもええんとちゃうの」

「いや、しかし、皆さん来たがって来るんですし、周さんだって拒まなかったじゃないですか」

「そら、……ここは整体室・天籟宮やし、それに孟ちゃんはなんか憎めないのよ、ええかっこしいやけど明るくて。……ほんで孔子のこと、ごっつ尊敬してるのもええやろ」

「あれ、周さん、もしかして孔子のこと……」

「むふふ。彼は是れより出で、是れも亦《ま》た彼に因る、だわな」（斉物論篇）

たしかそれは「方生の説」前段で、対偶は同時発生するという話だったはずだ。含羞《はにか》むように立ち上がった周さんは窓辺に行って窓の隙間から前の草原を覗いた。私も渾沌王子も赤トラまでもが縦に顔を並べてモーさんたちを見た。スイッチョン。青い月の下、モーさんはここだけのラフなスウェット姿で性懲りもなくゴムボールを投げ、ナムが薄闇を走りまわって拾っていた。別れを惜しむようにナムがときどき立ち止まって「仁、義」と吠えた。

はっきり申し上げておくが、孟子は翌日もその翌日も出て行かなかった。早くから掃除に精だし、朝食を作り、しかも食器まで洗い、やってきた患者である牡牛の肉離れの治療も手伝っていた。

そうして孟子は三晩を何事もなかったように過ごし、四日目の朝にようやく背広姿で出ていったのである。駅まで送りがてら、私はモーさんに、なぜあれから三日もぐずぐずしていたのか、と遠慮なく訊いた。するとモーさんは、まるで斉の宣王の許を離れるときのように言った。

「ここに来たのは私が望んで来たのです。しかし去るのは、望んではない。三日でも早すぎるくらいですよ。周さんの気が変わりはしないか、まだ可能性があるのではないか、今出ても午後には呼び戻されるのではないか、平和な世の中を一緒に築けるのではないかと、じっと待っていたのです」

私は自分の小人ぶりを痛感し、また呆れるほど強靭で楽天的なモーさんの「大丈夫」ぶりに、思わず合掌礼拝していたのである。

第二十一章
自然と風化

兼愛嫌い

孟子が去り、ようやく平安な日々が天籟宮に戻った頃、辺りはすでに紅葉しはじめ、天空には鰯雲が棚引いていた。

私はしばらく庵に籠もり、『荘子』を繙《ひもと》いたり部屋の掃除をしたりしながら、愛と自然についてつらつら考えていた。

孟子が目の敵にした兼愛の墨子については、『荘子』天下篇にも描かれている。

墨子は、氾《ひろ》く愛し兼ね利して、闘を非とす。其の道は怒らず。又《ま》た学を好んで不《ふ》異《い》を博め、先王と同ぜずして、古《いにしえ》の礼楽《れいがく》を毀《そし》る。

墨子氾愛兼利、而非闘、其道不怒、又好学而博不異、不与先王同、毀古之礼楽。

ここでは墨子の兼愛交利と非攻の主張が正しく捉えられている。しかも墨子が腹を立てず、学問は好みながらも弁別しない在り方を弘めたこと、儒家と違って先王たちの定めた古代の礼楽に批判的だったことも述べられ、その後には特に喪礼について、身分で棺桶にまで差をつける儒家のやり方に異議を唱える墨子像がきちんと描かれている。

礼楽や喪礼についての儒家の在り方については、むろん荘周だって大いに不満だし、さんざん批判もしている。だいたい荘周にすれば「吾れ天地を以て棺槨《かんかく》（棺桶）と為し、日月を以て連璧《れんぺき》（一組の飾り玉）と為し、星辰《せいしん》を珠璣《しゅき》（珠玉）と為し、万物を齎《し》送《そう》（葬送の贈り物）と為す。吾が葬具、豈《あ》に備わらざらんや」（列御寇篇《れつぎょこう》）というのだから、もとより儀式張った派手な葬儀などに興味はない。しかしここで荘周は、墨子の単板な平等観、兼愛や礼楽軽視に対して、激しい批判を浴びせる。孟子とはまた違った理由で兼愛に疑義を呈するのである。

今、墨子は独り、生きて歌わず、死して服せず、桐棺《とうかん》三寸にして槨《かく》なく、以て法式と為《な》す。此《こ》れを以て人を教うれば、恐らくは人を愛せざらん。此れを以て自ら行なえば、固《もと》より己れを愛せず。

今墨子独生不歌、死不服、桐棺三寸而無椁、以為法式、以此教人、恐不愛人、以此自行、固不愛己。

墨子のやり方だと、生きているあいだに歌うこともなく、死んでも服喪や葬礼が充分には行なわれない。棺桶だって一律に外枠もない粗末なものにされる決まりだというう。そんなことでは、いくら「汎く愛す」などと言っても愛することにはならないだろう。己を愛するように人も愛せというのが兼愛だが、そもそも自分を愛することさえできないのではないか。

儒家の礼にはずいぶん悪態をついている荘周だが、どうやら兼愛という悪平等なやり方も許せないらしい。

歌うべくして歌うを非とし、哭《こく》すべくして哭するを非とし、楽しむべくして楽しむを非とす。是れ果たして類するか。

歌而非歌、哭而非哭、楽而非楽、是果類乎。

墨子のやり方では自然な感情さえ発露できず、それでは人並みとさえ言えないし、仲間もできないだろうと荘周は言いたいのだ。

其の生くるや勤《つと》め、其の死するや薄く、其の道大いに觳《うす》し。人をして憂えしめ、人をして悲しましめ、其の行は為し難きなり。恐らくは其れ以て聖人の道と為すべからず。天下の心に反《そむ》き、天下堪《た》えざらん。墨子独り能《よ》く任《た》うと雖も、天下を奈何《いかん》せん。天下を離るれば、其の王を去るや遠からん。
其生也勤、其死也薄、其道大觳、使人憂、使人悲、其行難為也、恐其不可以為聖人之道、反天下之心、天下不堪、墨子雖独能任、奈天下何、離於天下、其去王也遠矣。

訳さずともおよそ通じると思うが、要するにそんな勤勉なばかりの生と薄情な死では、人は憂い悲しむばかりで、誰も従いていけないだろう。墨子本人は堪えられても、それでは天下の民衆も王も離れてしまうというのである。
身分や序列による縄墨《じょうぼく》の如きマニュアル式の決まりにも荘周は反対だが、無条件で一律に考えようとする墨子にも異議を唱える……。それならいったい周さんの愛とは何なのか。私はそんな恥ずかしいテーマを胸に、また数日ぶりにアパートを訪ねたのである。

虁《き》、現る

秋晴れの空の下で、周さんは洗濯物を干しながら「サラスポンダ」を歌っていた。ベランダの足許では渾沌王子が「ブンダ、ブンダ、ブンダ、ブンダ」と踊りながらリズミカルに合の手を入れ、それとはあまり関係なく、赤トラが日向に肛門を晒してそこを丹念に舐めていた。

ナムはと探してみると、後ろ片肢を上げて草原の隅の柿の木に小水をかけている。孟子がいるあいだは厳禁されていた動作だが、ようやくナムも本性を取り戻したようで私は安心した。

安心して赤トラのいるベンチに坐ると、赤トラは徐《おもむ》ろに欠伸し、涙を浮かべつつ両手を精一杯前に突きだし、それから後ろ肢で耳を掻きだした。「サラスポンダレッセッセ」と「ブンダ、ブンダ、ブンダ」が重なって聞こえ、赤トラは猫らしく身繕いにいそしむ長閑《のどか》な昼下がりだった。

赤トラと並び、明るい草むらを見るともなく見ていると、そこに突然一本足の真っ黒い奇獣が現れた。牛に似ているが角がなく、しかも一本足だ。たしか『山海経《せんがいきょう》』に夔《き》と書いてあった奴だ。赤トラの爪が立ち、肩に力がこもった。

しばらく眺めていると、夔はどうやら一本足の足許の、百足（蚿）に話しかけているのだと気づいた。不思議だが、最近は私も動物たちの思いが直接わかるようになっていたのである。

天機の動く所

「儂《わし》は一本足で跳びはねて歩いてるんじゃが、この一本でさえうまく使いこなせん。お主はなにゆえそんなに無数の足を使いこなせるんじゃ。羨ましい」

すると百足が答えた。

「そうじゃねぇですよ。ようっく人間どもの唾吐くところ見てみてくだせぇ。咳き込んだりして珠みたいにでっかいの吐くこともありゃあ、霧みたいに細かいこともある。大小混じり合ってじつに無数に落ちるってもんでしょう（汚ねぇ喩えだけんど）。しかもそんなこたぁ差配してそうなってるわけじゃねぇ。それとおんなじですよ、旦那。あっしの足だっていつのまにかそうなってるんで、べつにあっしが一々動かしてるわけじゃありませんぜ」

そう言う百足は、じつは草むらを這う蛇を羨んで訊くのだった。

「あっしなんてこんな無数の足でうじゃうじゃ必死に歩いてるってのに、なんで蛇の旦那は足もねぇくせにそんなにスイスイ行けるんです」

すると蛇がクールに答えた。

「ふん。そもそも命の働きよう（天機の動く所）は変えようもないもんさ。俺は足なんて要らないようにできてる。それだけのことよ」

しかしそんな蛇もじつは鎌首を擡《もた》げ、風を羨んで言った。

「俺は背中や脇腹を動かして歩いてるんだから、足のある奴らと一緒さ。けどあんたは違う。あんたはひゅうっと唸って北の海に起こったかと思うと、ひゅうっと南の海に吹き込んでいく。足なんかないみたいだけど、一体どうなってるんだい」

風は答えた。

「いかにも、僕はおっしゃるように神出鬼没だし、どこにだって飛んでいきますよ。そして僕は、指を立てられたら負けるし、足で蹴られても負けるんです。ところが大木を折ったり家を吹き飛ばしたりできるというのもこの僕です。分かりますか、これ。つまり小さな勝負にすべて負けることで、僕は大きな勝負に勝つんです。これって聖人のやり方でしょう。ひょうぅぅぅ」

なんだかイソップ寓話のような話だったが、じつはすべて『荘子』秋水篇そのままの会話なのである。そしてこれには続きがあり、風にも羨む相手がいる。手でも足でもないのにすべてを捕らえる目である。そして目は、見ることもできないのにすべてを見通す心を羨む。

要するに何が言いたいのか。むろんイソップの「北風と太陽」のように、太陽や心が一番つよいという話ではない。むしろ較べられず、それぞれ「天機の動く所」が違うのに、羨みあう彼らの愚かさを、荘周は嗤っているのではないか。人間社会もおよそ似たようなものだと。

なにより「無為」であり、「自然」であることを重視する荘周にすれば、万物それぞれが較べられない「天機の動く所」としてある。それが「自然」であり、そこに手を加えないことが「素朴」だし「無為」なのだ。「自然」に序列をつけて墨縄を巡らすが如き決まりや礼をつくるのも愚かだが、天機を見ず一律に汎く愛するなどというのも欺瞞でしかない。私はそこまで考えると、微かに周さんの愛を了解した。

自然のための、精進努力という不自然

赤トラと隣り合って坐ったベンチの前に、虁と百足と蛇とが蠢いており、秋風が爽やかに草原を吹きすぎてゆく。

赤トラはまっすぐ虁や蛇のほうを見つめ、しばらくは爪を立て、肩を怒らせていたが、やがて虁も百足も蛇もいなくなってしまうと、私の指先に喉元を擦りつけてきた。指先を動かすと赤トラは素直に快楽に身を任せ、腹まで上向けてきた。その腹を愛撫しながら、私の思考はいつしか愛から自然に移り、赤トラを眺めながら「なんて完璧で自然な生き物か」と勝手に感嘆していたのである。

背後から周さんの雄叫びが聞こえた。

「アードーレオ、アードーレブンデーオ。アドーレーブンデーレッセッセ、アセパセオー」

周さんは最後を長く伸ばして急に歌うことをやめ、渾沌王子の「ブンダ、ブンダ」だけが急にはやめられずに続いていた。歌うべくして歌い、楽しむべくして楽しむ周さんの真骨頂なのだろうが、いったい何がそんなに楽しいのか、解らない私にすればそれが自然とは思えなかった。意味不明のオランダ民謡を歌う意味も皆目わからなか

った。

私はふいに森三樹三郎《みきさぶろう》氏の『老荘と仏教』（講談社学術文庫）の一節を憶いだした。これが人間の、いや、私の、どうしようもなく不自然な点だった。

（宋元明清を生き残った仏教は禅と浄土だけだが）禅と浄土の「中国的」な要素とは何であるのか。ひとくちにいえば、それは荘子の思想である。禅と浄土は、インドの仏教に起源をもちながら、中国の荘子の哲学から深い影響を受けとった、いわば混血児の仏教である。（中略）禅宗の場合は、自然になるためには無数の不自然を積み重ねなければならないことに気づいた。つまり自然の境地に達するためには、精進努力という不自然が必要だというのである。（中略）このような自力の道に絶望するところに浄土教が生まれた。人間の力は、しょせん微弱なものでしかない。その微弱な努力が、かえって自然の境地に達することの妨げとなる。弥陀の常寂光土《じょうじゃっこうど》は——万物斉同の自然の境地は、ただそれへの思慕の念を強めることによってのみ得られる。

ああ、周さんの「サラスポンダ」は精進努力とも思えないし、自然への思慕とも思えなかった。私は正直に、ベランダを見上げて訊いた。

「周さん、なんなんです、その歌」

すると周さんは「むふふ」と嗤ってから答えた。

「風。ふふ、風化」

とたんに風が吹き、赤トラが私の指先を離れて草原の隅のほうへ走っていった。見ると以前に来たことのある白い雌猫が来ていたのである。そういえば、徳が人を感化することを「風化」と呼ぶ孔子に対し、周さんは「牝牡《ひんぼ》相誘う、これを風という」（『左伝』服虔《ふくけん》注）の立場だ。

天運篇では孔子に対し、老子に説教させている。

「水鳥だってじっと見つめあったら睦《むつ》み合う（風化す）。虫だって雄が風上で鳴くと雌が風下で応えて睦み合う。生き物には雌雄があって睦み合うのが自然なことじゃろう。この性を変えることはできないし、天命も変えることはできない。時も止められんし道も塞げんのじゃ」

おお……。私はそこまで呑み込んで、あらためて自然を思った。「自然《じねん》は即ちこれ弥陀国なり」と言った善導大師の心を想い、また親鸞聖人の「無上仏ともうすは、かたちもなくまします。かたちもましまさぬゆえに自然とはもうすなり」という言葉も憶いだした。無上仏や弥陀国が、ここでは明らかに自然と同一視されているではないか。

もちまえの性により、赤トラは風化して白い雌猫に寄っていき、周さんは高らかに歌うのだろうか。ベランダで周さんが今度はスクワットを始め、頭に洗濯物が引っかかって竿ごと落ちそうだった。私は思わず合掌して「南無阿弥陀仏」と称え、自然法爾《じねんほうに》を讃えたのである。

第二十二章
将《おく》らず迎えず

大国は下流なり

中国では、古くから「里《り》」と呼ばれる村落共同体（コミュニティ）があちこちにあり、その上に被さって収奪するような存在として「国」（ステート）という単位が生まれた。従来の周王朝の秩序が壊れ、あちこちに「国」が競い立つ春秋から戦国の時代、「儒教は、そのステートすなわち国家のほうに理想的社会形態を認めたのであるが、老子教のほうは、コミュニティすなわち村落共同体のほうに理想的社会形態を認めた」。以上は引用も含め、長谷川如是閑《によぜかん》の『老子』に書かれていることだが、じつに穿った解釈であり、同感である。

そういえば『老子』には小国寡民の思想がある。末尾にちかい第八十章の大意は以下のとおり。

国土は小さく人口も少ないのがいい。便利な道具もあまり使わず、自分の命を大切にして遠方にもあまり移動しないのが理想だ。舟や車はあっても用いず、兵器があっても使わない。文字は使わず、縄を結んで約束するような古い習慣を復活させる。現在の衣食住に満足し、昔からの習俗を楽しむのである。そうなれば、たとえ鶏や犬の声が聞こえるほど近くにある隣国でも、生涯往来することはないだろう。

すべて昔の小ささや不便さを守り、往来もしないほうがいいというのだから徹底している。

今の日本は全国一律で競争に勝つことが最大の原理。有利な話なら外国にも飛んでゆき、コミュニティの盛衰など眼中にない。高速道路も格安になり、インターネットで商売までしてしまう現代からは考えられないが、ともかくそれが老子の描くユートピアだった。

老子はまた「大国は下流なり」(第六十一章)とも言い、大きな国は川の下流のように静かで謙虚であるべきだと主張する。むろん現代中国が老子に耳を傾ける様子はない。アメリカでも、「タオ」を学んだプーさんは故郷である「三〇〇エーカーの森」に帰ったのに、相変わらず米兵はイラクやアフガンに派遣されつづけている。

今や村落共同体を空無化する敵は、「国」を超えてグローバルにさえ広がろうとする欲望そのものとも思える。

荘周の当時の思想界を眺めると、どうやら孔子も孟子も恵施も墨子も、また韓非子も孫子《そんし》も、色合いの差はあっても、いずれも国家という社会形態のなかで自らの思想を活かそうとした人々だと云えるだろう。これまで孫子には触れなかったが、戦争の本質を「詭道《きどう》（だましうち）」と見据えた軍略家孫武《そんぶ》は、以前に触れた春秋末期の戦争の大規模化、長期化のなかでその兵法を発揮し、呉の軍師として強国楚を破り、また北の斉や晋を脅かしてその実力を天下に示した。荘周が生きたのは、そうして各国が軍略や戦力を競い合い、そのたびに大量の死者や不具者を生みだしていた戦国時代なのである。

無方の伝

それでは荘周は、どんな社会形態を理想としたのか。

どうやら荘周には、理想などない。政治に対しては完全に諦め、興味もないから、ひたすら現状や運命を容認し、常にその状況における心の自由だけを問題にしたのが荘周である。未曾有の現状に対し、かつての理想社会の道徳を振りかざす孔子に、荘周はいつだって手厳しい。天運篇ではそんな理想をかざす孔子を、「祭で役目をおえた藁人形の犬（＝芻狗《すうく》）」を後生大事にする人に喩《たと》えて揶揄する。過去の遺物ばかりを大事にするから、孔子はあちこちで危ない目にばかり遭うというのだ。

今の日本社会もそうだが、過去や外国での事例をそのまま制度化するようなことがあまりにも多い。荘周は孔子に気づいてほしいのだ。「夫《か》の無方の伝」を。つまり「物に応じて窮《きわ》まらざる」変化、現状の成り行きに応じた融通無碍の変転を、知ってほしいのだ。むろんそれは、もとより「無方」なのだから政治でシステム化できるはずもない。

変化しつづける現状を棚上げにするから固定的な理想が掲げられるのではないか。現状に応じて自ら千変万化しつづければ、理想や目標など掲げるヒマさえないではないか。禅で「即する」と云う生き方がすでに荘周において実現している。孔子に勧めるハネツルベ（桔槔《けつこう》）のような生き方も、人に引かれるに任せて上を向き、下を向き、というものだが、これも個人の心の自由のためだからこそ納得できる。農村の共同体であれ国家システムであれ、システムは須《すべから》く心の桎梏を生み、随順しなければキリのない不自由の連鎖になることを、荘周は熟知していたのだろう。もしかすると荘周は、システムに関係なく、いずれ抑圧される人々の視点から「自由」を考えていたのではないだろうか。

ナムの立志

まもなく正月という暖かい一日、私は周さんのアパートで皆とカルタに興じていた。先日私が持参した絵入りの「いろは歌留多」を皆とても気に入り、とりわけ渾沌王子はぼよぼよと喜び、王子が元気になると皆元気になるので、最近は「カルタとり」にばかり興じることが多かった。

いつも私が読み上げ、周さんや皆が取り札を取るのだが、赤トラやナムはむろん字が読めない。王子はなんとなく分かるみたいだが、だいたいは勘で取っているようだった。

ナムや赤トラは床に車座になって向き合い、緊迫していることじたいが面白いようで、特に赤トラなど爪を立てて肩をおろし、周さんの腕がピクリと動くだけで初めはとにかく近くの札を引っ掻いた。ナムもそれに反応して闇雲《やみくも》に右肢を出す。以前は周さんのフェイントに引っかかり、たいていスカを食らっていたのだが、このところはどうやら絵柄と、私の目線を窺って見当をつけているようだった。

「犬も歩けば棒に当たる〜」

私が読み上げるとすぐに赤トラがヒョンと跳び、札の上に乗った。遅れて出されたナムの前肢を赤トラが引っ掻き、尻尾を太くしていきり立つ。毎回、「犬も歩けば〜」に対する思い入れがナムにはあるらしいが、今日も取れなかったショックからか、しばらく長い舌を出したまま呆然としていた。

「駄目やで、涎《よだれ》たらしたら」

周さんが注意したが、すでに数枚の取り札が涎にまみれていた。

「盗人の昼寝〜」

ワンと鳴いて今度はナムが肢許《あしもと》の札を踏んだ。一瞬遅れて王子が飛び込んできたため、涎で札が滑り、宙に浮いた隙に周さんが取った。

「塵《ちり》も積もれば……」

まだ言い終わらないうちに王子が次は「ぼっ」と音をたてて跳び、「山やな」と言う周さんと交叉するところに赤トラが飛んだ。赤トラと王子が空中でぶつかり、三つ巴で争い、そのスキにナムがゆっくり札を咥《くわ》えた。

「あかんがな、咥えたら」

周さんに言われ、ナムはすぐに札を放したが、それは柴犬にとって厳しすぎる処断ではなかったか。口を使えないナムの戦力は極度に落ち、その後は士気も落ちた。よく柱で爪を研ぐ赤トラと、全身で何枚もの札を一遍に覆ってしまう渾沌王子の一騎打ちの様相になった。周さんも楽しんではいるのだが、どうやらつきあっているだけで、カルタがそれほど得意ではなさそうだった。

「ウソから出た実《まこと》」「負けるが勝ち」「芸は身を助ける」まで王子が連続で札を取ったあとだった。王子への敵愾心に毛を逆立てる赤トラをよそに、突然ナムが読まれてもいない札と周さんの手札を一枚ずつ咥え、玄関のほうへ歩きだしたのである。

「なんやナム、うんこか。儂《わし》の札まで咥えてどこ行くねん」

周さんが訊くと、ナムは哀しそうなしかし強い目で振り向いた。そして返答するように、涎にまみれた札を一枚だけ落としたのである。

「身から出た錆《さび》」

札にはそう書いてあった。じっと札を見つめる二人と赤トラと王子に対し、ナムはもう一枚のほうも落として見せた。

「犬も歩けば棒に当たる」

……。ああ、やはり……。沈黙が流れ、王子の昂奮した血流と赤トラの静かな鼻息だけが聞こえた。

「なんや、旅にでも出るんか」

周さんは気軽に訊《き》いたが、一同突然のことに絶句して眼と鼻の穴を双《ふた》つながら広げた。もしやナムは、孟子と接して自らの忠誠心と仁義の心に目覚めてしまい、孟子やハチ公のように意志的な生き方をするためにここを出ていくというのだろうか。涎にまみれた二枚の札とナムを交互に見つめているとそうとしか思えなかった。

皆がじっと見つめるなか、ナムはさらにカルタのほうに歩いて行き、不器用な太い前肢で注意深く一枚の札の隅を押さえた。

「縁は異なもの」

そう読めた。しかしそれが我々とのこれまでの縁に感謝するという意味なのか、それとも旅に出て歩くうちに相棒にもめぐり逢い、縁に恵まれて新しい主人にも出逢えるという楽観的な希望なのかは、ナムの漠然とした表情からは読み取れなかった。長い舌が特に今日は赤かった。

ともかくしかしナムの堅い決心だけは皆に伝わり、渾沌王子はぼよぼよいわずに鎮まり、赤トラは微かな声で鳴き、私は少し涙ぐんでカルタを握りしめていた。

ふいにぽよぽよと渾沌王子が周さんに近づいて耳打ちした。私も瞬時にその内容を感じとった。どうやらナムは、まず青山墓地に埋葬された忠犬ハチ公のお墓に行き、犬の鑑《かがみ》とも云うべきその高潔な魂にお参りするつもりらしかった。自らの「もちまえ」を活かす生き方を考えたい、ということのようだが、きっと遊んでばかりのここでの生活に耐えられなくなったのだろう。

「決心は固いんか」

周さんは近寄ってナムの額を撫でつつそう訊いた。

「これからますます寒くなるけど、……だいじょうぶか」

ナムは一瞬口を閉じてヒゲを立て、それからまた舌を出して床に残った札を一枚咥えてきた。

「屁をひって尻すぼめる」

意味はまったく通じなかったが、ともかくナムは尻尾を振り、手札を放して自信ありげに出ていこうとするので、私はせめてもの餞別にドッグフードを山盛り風呂敷に包み、ナムの胴体に括り付けた。

「ナム、また会えたら会おな」ハグはしたものの、あまりに淡い周さんの別れの言葉だった。「いつでも戻ってきていいんだよ」思わず私は付け加えた。

風呂敷包みのせいで歩きにくそうにアパート前の草原を歩くナムを見下ろし、周さんはさっきの手札を拾い上げて言った。
「あいつ、鼻いいし、分かったんかなぁ」

靡いて同化する

ここで私が描写したかったのは、周さんの屁のことでもないし、カルタ取りの様子でもない。要するに、ナムのなかに兆したのっぴきならない欲求により、ナムが青雲の志とドッグフードを抱いて去ってしまい、周さんはそれを引き留めなかったという冷厳な事実なのだ。

遊び疲れたナムには周さんの「遊」が分からなかったのだろう。

荘周は知北遊篇で顔淵《がんえん》と仲尼《ちゅうじ》との会話に擬《なぞら》え、「将《おく》る所あるなく、迎うる所あるなし」という究極の「遊」の境地を孔子に語らせている。「来る者は拒まず、去る者は追わず」にも似ている。

後者は孔子の弟子で礼を重んじた子夏の系統の『春秋公羊伝《くようでん》』の言葉だが、結果としては似たような意味あいでも、『公羊伝』は礼の意識からそう言うのに対し、荘周の場合は少し違う。愛着や期待をもたずに人を送ったり迎えたりできる自由な心は、変化にも安住し、無変化にも安住できるというのだ（化に安んじ、化せざるに安んず）。なにも感情の起伏がないというのではない。それは「之と相靡《あいなび》くに安んずればなり」というのだから、周さんがすぐさまナムの青雲の志に靡き、同化したのだ。すぐに靡いて同化したからこそ驚かないのである。

もともとこれは鏡についての「将らず迎えず、応じて蔵せず」（応帝王篇）という表現から来ている。ありのままをそのまま受け容れ、万化して応じたあとは跡に留めないのである。

ともかく今、小さなコミュニティには大きな変化が生じた。ふいに木枯らしが吹きはじめ、私はナムの行く末を案じた。

第二十三章
逍遥遊

応じて蔵せず

大晦日もちかいある日、周さんのアパートに行くと、ちょうど町内会長の照山さんが帰っていくところだった。さすがに扇子は持っていなかったが、照山さんは今日も汗をかいて小走りに去っていった。

部屋に入っていくと、明るい窓際に周さんがぼんやり坐っていた。例の「坐忘」のようにも見えたが、単に腑抜けている気もした。赤トラが周さんの膝で耳をかき、渾沌王子は診察台の上に寝ころんでいた。

「どうしました？」

私が訊くと、周さんは黙って振り向き、逆に「なにかあったん？」と訊いてきた。

私の顔になにか感じたのだろう。

「いや、じつは、『ちくま』の連載がこれで終わるんですよ」

「……え」

それはまるで、突然解雇を告げられた派遣社員のような声だった。このところ周さんと私の生活は、百パーセント筑摩書房の原稿料に頼っていた。それがなくなると、私だって将来のアテはないのである。

「……そっかぁ」

しかしさすがに周さん。その声はすでに「応じて蔵せず」、明るい諦めのような気分さえ感じさせた。

「ところで照山さんが来てたようですけど、周さんこそなにかあったんじゃないんですか」

「……ああ。……立ち退きやて」

「え」

「この辺りに、おっきなショッピングモールができるらしいわ」

「大家さんが買収に応じたんですね」

「まぁそういうこっちゃな。儂、家賃も払ってへんし、ただで住ませてもらってただけやから、出ていくしか、……しゃあないわな」

なぜか周さんはそう言ってから、「むふふ」と嗤った。

しばらく沈黙が部屋を覆い、外から木枯らしが聞こえた。

明日は一緒に門松つくりまひょ、と周さんは思いがけず昨日帰り際に言った。しかし連載終了と立ち退きのダブルパンチ……。門松どころじゃないだろう、などと考えていると、周さんは「ほな、行こか」と言って立ち上がった。

「どこです?」

「竹藪やろ」

「……ああ」

竹藪までの道を二人で歩きながら、いや、赤トラと渾沌王子はもちろん従いてきたのだが、その道中で、二人は話に夢中になった。突然、周さんが真顔で訊いたのである。

「宗久はん、その、『ちくま』とかいう雑誌に、なに書いてたん。……僕の話なんやろ」

「……周さんの話って、……そりゃまぁそうなんですけど、……禅と老荘というか、禅の下地というか、……ほんとは浄土教も関係するんですけどね。つまり、要するに、中国仏教と荘子の……」

私は口籠もりながら訥々《とつとつ》と話した。

本当はこういうことをもっと早く話せばよかったのだ……。

仏教と老荘の出会い

仏教が中国に伝わったのは前漢と後漢のあいだ、つまり紀元前後だとされる。後漢から西晋までの約三百年間、浮屠《ふと》（仏陀）はたいてい老子や黄帝（黄老）と併祭される形で何人かの熱心な皇帝や庶民のあいだに少しずつ広まっていった。この期間に活躍した西域人の訳経僧は夥《おびただ》しい数にのぼる。しかしいわゆる知識階級の士大夫《したいふ》には殆んど広まらず、森三樹三郎氏によれば、この時期仏教を支持していた人の多くは、西域系の胡人《こじん》であったという。

仏教が中国内に爆発的に広まるためにはそれなりに時代の風も必要だった。後漢は圧倒的な政治の時代。儒教優位の時代でもあった。しかし四世紀初め、西晋から東晋への変移につれて、風が変わる。南朝四百八十寺《しひやくはつしんじ》という言葉もあるほど、急激に仏教の黄金時代が訪れるのである。

政治への関心と儒教の人気、そして宗教や芸術への関心と老荘の人気は、ほぼ比例する。むろん双方は反比例の関係である。時代の風が政治から宗教・芸術に移り、儒教よりも老荘思想に関心が移るにつれて、仏教も老荘思想とともに流行していく。

魏から西晋にかけての「竹林の七賢人」は、その風の変わり目に登場した人々と云えるだろう。そうして六朝と呼ばれる老荘思想の全盛期に、いわゆる「格義仏教」と云われる中国風に変質した仏教が流行るのである。翻訳される思想・宗教の宿命ではあるが、仏典もその当時の中国人に馴染んだ言葉に訳され、その言葉にもともと宿っていた思想を混入させてしまうのは当然のことだった。

たとえば『般若経』の「空」は、当初老荘の「無」に準《なぞら》えて解釈された。竺法温《じくほうおん》などは「空」を、「心無義」つまり受けとめる側の心が無ならば存在は空なのだと解釈した。また支遁《しとん》は「色即是空」に当たる言葉を「即色遊玄」と訳した。「空」を老子の「玄」で表し、全ての生まれでる源と解釈したのである。また道安《どうあん》は同じくすべての源として「本無義」と解した。これは『老子』第四十章「天下の万物は有より生じ、有は無より生ず」についての王弼《おうひつ》の注「有の始まる所は、無を以て本と為《な》す」からの派生と思える。「空」は「本無」、「色」は「末有」と捉えたのである。三国呉の支謙《しけん》訳『道行般若経』などでも「空」は「本無」と訳されている。

こうした老荘的仏教は、鳩摩羅什《くまらじゅう》の出現によって大きく是正はされたものの、それで仏教の中国化がなくなったわけではない。その後も両者に積極的な交流があったことは間違いなく、とうとう六世紀に至り、最も中国らしい仏教である禅宗が出現するのである。

荘子から禅へ

菩提達磨じしんはむろんインドの人だが、その教えを受けとめた嵩山《すうざん》はもともと道家の本拠地。ことに体験的直観を重んずる禅は、言葉を「風波」と侮蔑し、「精を貴び」「神を養う」（いずれも刻意篇）荘子とじつに相性がよかった。ここで云う「精」や「神」は、恬淡無為にして初めて生じる人間の直観力、あるいは純化された生命エネルギーそのものとも云える。こうして達磨の「坐禅」は、荘子の「坐忘」の上に心地よく根を生やしはじめるのである。

「頓悟」「両忘」「忘筌《ぼうせん》」など、インド仏教には全くなかった考え方が、荘子から滲み出て禅の血肉になる。そして「自然」の思想は、禅だけでなく浄土教にも流れ込んでいくのである。

ちなみに「忘筌」とは、『荘子』外物篇にある言葉で、魚を捕らえるための筌は魚が捕まったらもう要らない（魚を得て筌を忘る）ということだが、この表現は禅家も盛んに用いる。荘周はさらに、意味を伝える言葉も伝え終えたら忘れるべきだと言い、「夫《か》の言を忘るるの人」と話したいものだ、と言うが、この考え方はやがて禅の不立文字だけでなく「悟り」そのものの払拭という考え方をも形作っていく。

「だからね、周さん」

いつのまにか到着した竹藪のなかで私は言った。

「だから私のやってる禅と、周さんの考え方って、親戚みたいなものでしょう。そこんところを『ちくま』で書いてみたかったんですよ」

「で、うまくいったの？」

あまりに率直な質問に、私は戸惑った。

「いや、まず周さんがどんな修行したのかが分かんないし、それに、あの冒頭の逍遥遊がちょっと突飛で、ねぇ」

「あ、ここ持っといて」

周さんは太い竹の根元を鋸で切りだした。頭に被った手ぬぐいが目の前で揺れ、(福)の綿入れ半纏がばさばさと大きな鳥の羽のように音をたてた。

「もっと力入れて。ぐっと圧して」

言われたように竹を圧すと、やがて竹はみきみきみきと音を立て、まもなくずわわわわ〜と地面に倒れた。枝の付け根を丁寧に途中まで切っては逆方向に折り、幹だけにすると、周さんは下から七本同じ長さに切って三本を私に渡した。

「これ、持ってってくれる？」

「あ、……はい」

竹を持って帰るのはいいが、もう紙幅も尽きようというのに、こんなことをしていていいのか……、私のなかに焦りが芽生えていた。竹藪の前でぽよぽよにゃんにゃん戯れていた王子と赤トラの暢気そうな様子も、今の私には苛立たしく思えた。

「だからね、周さん、周さんの境地になるための具体的な方法論を、禅も浄土教も担ったって考えていいんですか。……私は、禅の修行を続ければいいんですかね」

私とすればけっこう本質的な質問をしたつもりだった。しかし周さんはスタスタスタスタ竹藪を出て歩いていく。両肩に二本ずつ青竹を載せたまま、どんどん歩いて先に行ってしまったのである。

赤トラと渾沌王子と一緒にようやく追いついた私は、河原でスクワットしていた周さんに「あとは松と梅ですか」と訊いた。すると周さんは「すぐに立ち退く所に門松は要らんやろ」と言い、「筏《いかだ》でも作ろうや」と笑いながら言った。ああ、竹が多すぎると思ったが、すでに周さんは竹藪に行くときからそのつもりだったのだ。

みんな、ちょぼちょぼ

渾沌王子と赤トラは河原で転げ回って遊び、私と周さんは青竹を縄で組んで筏をつくった。そして周さんは、作り終えると河原でまたスクワットしながら言ったのである。

「あと、何枚あるの、残り」

「原稿用紙、一枚分です」

「なにがしたいねん」

「ですから、修行法と、逍遥遊、です」

「それ、一緒やで」

「え」

「ほら、残り少ないのにそんな一文字だけで一行使ったらあかんで」

「………」

「そら、もっと無駄遣いやろ」

「いいから周さん、教えてくださいよ」

突然スクワットをやめた周さんは、河原で柔軟体操のようなことを始め、それから筏を川まで運ぶと、傍らにいた赤トラと王子を抱きあげてひょいっと筏に乗り込んだ。そして驚く私に手を振り、「またいつか逢おな」と言ったのである。

「え。周さん、どこ行くんです」

「よおく見ててや」

言うが早いか周さんは褌一丁になり、なぜか渾沌王子を抱きしめて真冬の川に飛び込んだ。

あれよ。水中に潜った二人のからだは見る間に一体となって大きく膨らみだし、どんどん膨らんで巨大な一匹の魚になった。これが逍遥遊篇冒頭のあの「鯤《こん》」なのか……。

そのうち川面が大きく波打ち、おおおおお、今度は鳥が……。いやいやなんと巨大な鳥なのか。私は思わず筏の上で心細げに鳴いている赤トラを抱き、水面から飛翔しようとするその鳥の背中に飛び乗った。おおおお、飛んだ。そして巨大なその鳥の翼の付け根には、なんと㊗マークが付いていたのである。

「周さん、これが鵬《ほう》なんですね」

怯えて腕を引っ掻く赤トラを抱きしめながら訊くと、天の上のほうから「せやねん」と聞こえた。どうやら渾沌王子が内蔵された鵬とは、天を通じて会話ができるらしかった。

　気がつくと鵬の背中はとてつもなく広く、飛行が安定すると赤トラも羽毛に包まれ、安心して丸くなってしまった。

　それじたいが垂れ込める雲のように空ぜんたいを覆い、青空を飛び、海を渡り、気がつくと広大な陸地の上を飛んでいた。

「ああ、周さん、これが万物斉同なんですね」

「せやろ、みんなちょぼちょぼや。そんで、……風まかせの逍遥遊や」

　それから鵬は一気に九万里の上空まで飛び上がり、寂寞たる上空でふいに呟いた。

「なぁ宗久はん、これで終わったら筑摩さんかて困るやろ。……もう一回書かしてもろたらどや。もちろん原稿料はもろてやで」

　九万里の上空で原稿料のことを考える鵬、周さんの心は、果てしなく奥深く、蜩《ひぐらし》や小鳩はもちろん、私にもはかりしれなかった。

終章
「むふふ」の人

真骨頂

まずはその後の経過を報告しよう。

鵬《ほう》になった周さんは「これから南の海の果ての天の池まで飛びまっせ」というので、「それは困る」と言って私は赤トラと一緒に翼から下ろしてもらうことにした。

実際、そんな長期の旅となれば風呂もトイレも必要だが、翼の上は広いだけでなにもない。赤トラはともかく、私は着替えだって必要ではないか。こちらは真冬でも旅先は真夏になるわけだし、できれば海水パンツも……。いや、ともかく私は、野馬《かげろう》はためき、塵埃《じんあい》たなびくどこもかしこもちょぼちょぼ（万物斉同）の景色も見たことだし、「どこでもいいから下ろしてほしい」と言ったのである。すると鵬は、あれよという間に翼を揺すり、私と赤トラを揺すり落としたではないか。

え？　えええええ……。驚愕、恐怖、こ、こんなことが……。雲をくぐり抜け、風を切り裂き、私は赤トラを抱いたまま底知れぬ薄闇のなかを落ちていった……。と、そのとき、もの凄い衝撃と共に私は……。

「あれ……、ここは？」

「ここはって、儂《わし》とこに決まってるやろ。それにしてもよう寝てたな」

「え？　夢ですか。……どこから？」

「どこからって、知らんがな、人の夢なんか。……『ちくま』の連載が終わるってのは、ほんとなんやろ」

「ああ、はい。それはそうです。厳しい現実です……。周さんが立ち退きになるっていうのは……」

「それも夢やないで。三日以内に出てかなあかん」

「ははぁ、そうすると、竹藪には……？」

「竹藪？　なんやそれ」

「ああ、……あそこからもう違うんだ、……なるほど」

「なんやねん竹藪て」

「いや、いいんです……。ところで周さん、どこか行ってました？」

「ああ、赤トラが宗久はんの膝に移ったしな、ちょっとそこまで」

「そこって？」

「……まぁええやないの」

私は周さんに向き合って椅子に坐り、どうやら赤トラを抱いた途端に周さんの「坐忘」につられて寝てしまったらしい。見ると赤トラは椅子の下で死んだように腹を上向け……、まさか……と思って撫でてみたが、やはりただ寝ているだけだった。

私が物思いに耽っていると、周さんが言った。

「またこんな話しててええんか。筑摩さんに怒られるんとちゃうか」

「……あ、そうですよ。今回こそ、最後のチャンスなんですから、周さんの真骨頂を見せてくださいよ」

周さんはふいに真剣な眼差しになり、立ち上がるともじもじしながら言った。

「ほんとに見せてほしい？」

一瞬、怪しい空気があたりに立ち籠めた。周さんがだぶだぶのズボンに手を掛けたので私は慌てて言った。

「何見せようっていうんです」

「仙骨頂」

「違いますって」

「だからね」今度は真面目な顔で周さんが言った。「違うんだわ、その考え方が」。周周さんは「こんなこと言いたくはないんやけどな」と前置きして逍遥遊篇の冒頭を語りだした。

北冥《ほくめい》に魚あり、其の名を鯤《こん》と為す。鯤の大いさ其の幾千里なるかを知らず。化して鳥と為《な》るや、其の名を鵬《ほう》と為す。鵬の背、其の幾千里なるかを知らず。怒《ど》して飛べば、其の翼は垂天《すいてん》の雲の若《ごと》し。是の鳥や、海の運《うご》くとき則ち南冥《なんめい》に徙《うつ》らんとす。南冥とは天池なり。

北冥有魚、其名為鯤、鯤之大、不知其幾千里也、化而為鳥、其名為鵬、鵬之背、不知其幾千里也、怒而飛、其翼若垂天之雲、是鳥也、海運則将徙於南冥、南冥者天池也。

「な」

「……え」

「真骨頂なんてないやろ。知ってはるやろけど、鯤ちうのはもともと魚の卵や。そないにちっちゃいはずの名前の魚が、どんどん巨大になってそのうち鳥になるんやで。鵬や。この変化、宗久はん分かるか」

「………」

「海が運くってのは、ま、モンスーン独特の颱風《たいふう》やな。颱風が来たら今度はその風に乗って南冥に徙る。どこでもいいんやけどな、とにかく状況に応じてどんな変化だってするねん」

「……ああ。……だけど、周さん、こっちから状況を変えようとはしないんですか。……モーさんみたいに」

ちょっと言葉がすぎた気もした。しかし周さんは穏やかな顔で立ち上がり、「むふふ」と嗤《わら》った。窓から見える遠くの丘に、今年もサザンカが真っ赤に咲いていた。

私は『荘子』刻意《こくい》篇の言葉を静かに憶いだした。

聖人の生や天行、其の死や物化、静かなれば而《すなわ》ち陰と徳を同じくし、動けば而ち陽と波を同じくすと。福の先と為《な》らず、禍《わざわ》いの始めと為らず、感じて而《しか》る後に応じ、迫られて而る後に動き、已《や》むを得ずして後に起《た》ち、知と故とを去りて、天の理に循《したが》う。

聖人之生也天行、其死也物化、静而与陰同徳、動而与陽同波、不為福先、不為禍始、感而後応、迫而後動、不得已而後起、去知与故、循天之理。

天（自然）に従って生き、死に行くときも万物の変化のまま。静かなときは陰の徳で同調し、動くときは陽の気で波長を合わせて動く。陰陽自在ならば徳の表しようも無限ではないか。福を招こうとして同調するのではなく、かといってわざわざ禍を招くつもりでもない。とにかく他からの働きかけを受けて初めてそれに応じ、迫られて初めて動き、已むを得ない状況になって初めて起ち上がるのだ。

いわば、こざかしい知恵や意志を捨ててただ天道自然の理に従う。それが周さんの生き方であり、しかも「和して唱えず」なのだから、真骨頂などチャンチャラ可笑しかったのだろう。

完全な受け身

窓際で外を眺める周さんの後ろから、私は訊いた。

「周さん、一つだけ教えてください。……周さんは、完全に受け身なんですか」

「せや」

間髪おかず、周さんは答えた。

「宗久はんも修行に行かはったんやろ」

「……ええまあ」

たしかにそれは、先輩が黒と言えば白も黒になる世界だった。あれ以上受け身の世界は知らない。私が思ったままに周さんが言った。

「完全な受け身こそ、修行やなぁって思わへん？」

「……はい。まさに」

「そのとき人の想像力は爆発的に大きく膨らむんや。だから受け容れて随順した瞬間から、自然な反応そのものに強靭な意志がこもるんや。それだけが揺るぎない主体性とちゃうか」

「……」

「修行法と逍遥遊が一緒や言うたんは、そういう意味やねん」

解ったとは言い切れなかったが、私は周さんの背後に立ったままなんだか感動していた。ふと見ると周さんは首筋まで真っ赤になっており、振り向かずに「なんちゃって」と言った。さらに周さんらしからぬ言葉は続いた。どうやら筑摩書房への恩返しのつもりらしかった。

「孟ちゃんみたいなひたむきな理想主義者は、そりゃあ有り難いで。せやけどな、革命しても、制度変えても、どないもならんのよ。人が心の自然を取り戻さな。……もっと渾沌に親しまなあかんのや。……あれ？　王子は？」

そういえば渾沌王子の姿がさっきから見えなかった。二人で探すと押入れの奥のほうに蹲っているのが見つかった。

「いやぁ悪かった悪かった。知と故を去る、なんて言うときながらの長口舌、悪かったなぁ」

そう言って王子を抱きあげた周さんは、窓辺まで来ても王子を放さなかった。抱きしめたまま、なぜか二人の輪郭がぼやけ、溶けあっていくように感じて私は目を瞠《みは》った。

「周さん……」

呼ぶと、目の前の固まりの中央に大きな窪みができ、そこが動いた。

「儂《わし》、もう立ち退くで」

「え」

「またいつか遊ぼな」

目も鼻も口もなくなった固まりがただ㊒と書かれたちゃんちゃんこの中で蠢《うごめ》いている。その後の声はぼよぼよぼよぼよしてはっきり聞き取れなかった。しばらくその場でスクワットのような動きを繰り返していたが、次第にそれは鞴《ふいご》で空気を送ったように大きくなり、やがて窓から飛びだした瞬間にちゃんちゃんこを破って巨大な鳥になった。

おおおおお、……鵬。

鵬の翼による大風で、草木が波打ち、小枝が折れ、さらには洗濯物が吹き飛び、天籟宮の看板も飛んだ。あちこちのトタン屋根が剝がれ、瓦が飛び、乳母車が倒れ、どこかのお爺さんが転んだ。とても万物斉同どころじゃなかったが、ひとり鵬だけは悠々と高度を上げ、気持ちよさそうに空いっぱいに広がっていく。これまでもじつは何度か周さんと王子が揃っていなくなることがあったのだが、こうして周さんたちはときどき鵬になって飛んでいたのだろうか。「ちょっとそこまで」というのも、このことだったのか……。

私は窓辺に佇んで呆気にとられ、赤トラはなにも知らなかったように片肢を上げて肛門を舐めている。ほかにすることはないのかと言いたかった。

私はやがて台所のほうへ歩いていき、冷蔵庫を開け、さらには押入れの衣類などを眺めながら、「もう立ち退く」はいいけれど、いったい鍋釜や冷蔵庫の中身、衣類などはどうするつもりなのかと、凡人ならではの憂悩に独り胃液を迸《ほとばし》らせたのである。

むふふ……

これで周さんとの物語は終わった。

その後は周さんと逢うこともなかったし、ナムの行方も杳として知れなかった。近所のラブラドールレトリバーに聞いた話では、ナムはその後柴犬初の盲導犬を目指し、東京の訓練校で理想に燃えてがんばっているらしい。

私は庵に戻り、近所のスーパーでアルバイトしながら赤トラと一緒に暮らしていた。赤トラがちょくちょくアパートの跡地に出向くので一緒に従いていくと、その辺りは毎日ブルドーザーやユンボで削られ、満開の桜だけを残して見る影もなく景色が変わっていくのだった。

ある日重機の運転席から下りた作業員が、私に背を向けてニッカボッカでスクワットを始めた。まさかと思いつつ近づいて見ると、なんだか周さんに似ているのだった。しかしそんなはずは……、重機は村落共同体の敵やし……。躊躇《ためら》っているうちに男はまた重機に飛び乗り、土を運んで行ってしまった。遠い土手まで行ってから男が重機ごと回転し、ヘルメットの下で「むふふ」と嗤ったように見えたが、その後は同じ人物を見かけることもなく、それが周さんだったのかどうかは、知るすべもなかった。

スーパーの賞味期限切れの食料を赤トラに貰って帰り、自分も食べ、私はその後も『荘子』を読んでは暗誦したり坐禅したりして暮らしていた。そしてあるとき福永光司氏の『荘子』（朝日文庫）を読んでいてはっとしたのである。

「荘子は中国民族の生んだ鬼才である。鬼才の「鬼」とは、人間ばなれがしている、世の常と異なっている、まともでないという意味であるが、荘子は中国の歴史が育てた最も偉大なまともでない思想家なのである」

やはり、あれは周さんだったのではないか。私はまだまだ「まとも」に「自然であろう」とする人為のうちに周さんを見ようとしていた自分に気づき、深く慚愧《ざんき》した。「重機は村落共同体の敵」などという「まとも」な理屈が自然そのものに通じるはずもない。自然そうな人為こそ最も恐ろしい陥穽ではないか。

私はふいに『荘子』繕性《ぜんせい》篇の言葉を憶いだした。「之を為す莫《な》くして常に自然なり」。分別以前の「至一」の状態にあった古の理想的な人は、一切の意識的はからいがなく、自然だというのである。やはり重機に乗っていたのは紛れもなく本当の自然そのもの。脈絡もはからいも見当がつかないだけに、間違いなく周さんなのだ。

私の頭蓋には重機の音で聞こえるはずもなかった「むふふ」の声が、今も薄気味悪くエコーつきで甦るのである。

あとがき

月に二回ほどの講座で、一九九九年から四年間は『老子』をテキストに使った。その後、七年ほど『荘子』を読んできた。こう書くと、十一歳も年をとってしまったのかとあらためて驚くが、それはじつに楽しい時間だった。荘子は「老い」をはっきり「楽しみ」と規定し、「死」は「憩い」なのだと言うが、近頃はそれも肯えるようになった気がする。

本当は、いちばん好きな『荘子』については、書くまいとも思っていた。良寛がどこへ行くにも二冊組の『荘子』を携え、また芭蕉も明らかに『荘子』の影響を感じさせながら、どこにもはっきりとは荘子のことを書いていない。そのような内密の同伴者として、『荘子』だけは置いておこうかと思ったのである。

講座を聴きに来てくださる人々は、きっと仏教や禅を求めておいでになるのだろう。

講座の名前が「仏教法話」なのだから当然である。しかし『老子』も『荘子』も、じつによく仏教や禅になじむ。ぼんやりして、勢いやイメージしか浮かばないような仏教の言葉にも、意外な角度から明確な言葉を提供してくれることも多い。やはり中国を通過した仏教は、禅や浄土教のように老荘と親和したものだけが発展し、日本でも栄えたのである。

『老子』の「知足」や「和光同塵」、『荘子』の「大覚」「衆生」「解脱」などの言葉は、すでに完全に仏教語になりきっている。翻訳語として採用された時点から、その思想ごと、仏教と混淆したというのが実情だろう。ことに禅は、三昧や禅定を裏打ちし、発展させるものとして荘子の「遊」の思想を積極的に採り入れた。菩提達磨の言葉とされる「無功徳」にも、すでに「無用の用」や「遊」は沁み入っている。功徳を積もうというインド仏教は、『荘子』によって大きく変質するのである。

荘子の遊びようは並じゃない。儒家や墨家だけでなく、老子さえ小説の登場人物のように、荘子の思うままに振る舞わされる。そう、小説という言葉が『荘子』に由来することからも判るように、この本は「心の自由」のための生活哲学であると同時に、何度も繰り返し読むに堪える秀逸な小説なのである。

『法華経』をフランス語に訳したジャン＝ノエル・ロベール氏にお目にかかったとき、非常に印象深いお話を伺った。北京に住む政府高官の家に、辺縁の地からとても本好きのお嫁さんがとついだらしいのだが、儒教関係の本が無数に並んだ図書室をひととおり案内し、何でもどんどん読みなさいと若い嫁を励ました主は、それから隠し扉を開けた。そこには老荘関係の本がぎっしり並んでおり、それだけでも面白いが、舅である政府高官はそのうちの一冊を手に取り、この本以外のものを先に読むようにと、注意したというのだ。

まるで「パンドラの函」のような話だが、お察しのとおりそれは『荘子』で、もしそれを先に読んでしまったら、あとの本はどれも読む気にならなくなってしまうという気遣いだったらしい。

たしかに『荘子』はずばぬけて面白い。そして、読んでいるだけで常識という桎梏から解放され、苦悩をいかに自分自身がつくっていたか……、自分とはいったい何か……、そんなことにも気づかされる。まるで優れた経典みたいなのだが、笑える経典に私は出逢ったことがない。これだけ面白く、しかも人を救済へと導く本は、『荘子』以外にはないだろう。

ああしかし、とうとう私は『荘子』との関係を暴露してしまった。ただ私は、これほど好きな『荘子』を、偉そうに論ずる態度だけはとれなかった。それは不遜なだけでなく、荘子の精神を伝達するのにも似つかわしくない。いっそのこと『荘子』と同じ態度で書くべきではないか、というのが今回の本の執筆作法となった。

この際、荘子こと荘周、いや、周さんに実際に生身で登場してもらおう……。そして一緒に遊びたい……。当初から最後まで、それは私の執筆意欲を支える熱烈な欲求であった。とうとう論敵恵施や孟子まで登場させてしまったが、これも寓言のうちと、ご海容いただきたい。

今回も筑摩書房の磯知七美さんには大変お世話になった。走りすぎる筆を抑えられ、行き過ぎた遊びをたしなめられ、さらには毎月の連載に収まるよう、上手に切り詰めてもいただき、最後の索引の作成ではとりわけご苦労をおかけした。

選書としての品位が僅かでも感じられたとすれば、それは磯さんのおかげである。また漢文に詳しい校閲の方にも大変お世話になった。この場をお借りして感謝申し上げたい。

私にとって、『荘子』はまだまだ「途中」の、大切な書物である。今後も間違いなく座右に置き、一生つきあうことになると思うが、まずは一里塚のごときこの本で、懐かしき「遊」の感覚を憶いだしていただきたい。

二〇一〇年　盂蘭盆まえ

玄侑宗久　謹誌

文庫版あとがき

「あとがき」を二つも書くなんて、と思っていたのだが、気が変わった。一つには本書を通読してみて、最初の「あとがき」からもう九年が経っていることに驚いたからである。あれから東日本大震災はじめ天災が相次ぎ、年号も令和になった。しかしそれでも「制度を整え、競争を煽り、管理や罰則を強めれば社会はうまくいくと考える人々」は増え続けている。所詮政治とはそういうものなのかもしれないが、巨大な震災を経験した我々には、『荘子』の思想、強靭な受け身の力こそ生きる力なのだと、あのとき以上に身にしみて感じるのである。

もう一つ、書いてみようと思ったキッカケは、やはりドリアン助川氏によるご自身の人生に重ねた真摯な解説の故だろう。お陰で鯤《こん》から鵬《ほう》に「転身」した周さんの物語が助川さん自身の「転身」に重なり、その場面はもはや多摩川べりとしか思えなくなってしまった。そうそう、そういえば、周さんと竹の筏を浮かべたのは紛れもなく真冬の多摩川だったのである。

あれから九年経つ今も、私は同じ講座で『荘子』をテキストに使いつづけている。合計十六年ということになるが、これはもう伴侶、いや私自身の内実と云ってもいいだろう。

その後、周さんにはときどき逢う。どこに住んでいるのかは分からないが、私が忙しくて気が急いているときなど、ふいに㊗のTシャツ姿で現れるのである。「あっ」と言うと、「よっ」などと答えて去っていく。淡泊なのか濃密なのか分からない、そんな関係である。

私は助川氏の解説を読んだ翌日、憶いだして毎年ツバメが巣を作る老人の家に出かけてみた。老人の独り暮らしなのだが、毎年玄関を開けたところの天井にツバメが巣を作るため、老人はいつも新聞紙を三和土に敷き詰め、入り口の戸は開けたままにしている。

行ってみると、大きな口を開けた雛たちの姿が開いた戸の外まで見えた。そして私の頭に涼風を浴びせつつ、親鳥が交代で戻っては雛に口移しで餌を与える。飛びたってもう片方が戻るまで約五十秒。子育ても大変やなぁ、などと思っていると、薄暗い内部から声が聞こえた。

「ストップウォッチなんか持って、何してまんねん？」

「えっ。あ、周さん」

見ると(福)Tシャツの周さんが老人に馬乗りになってこちらを向いていた。

「周さんこそ、こんなところで何してるんですか」

「最近は人間の整体もするようになったんや。孟さん以上にみんな凝ってはる。日本人は凝り過ぎやで」

聞けば老人がツバメに気を遣いすぎて新聞紙に躓き、腰を痛めて立ち上がれずにいたときたまたま周さんが通りかかったようだ。最近の習慣で、無料で施術する代わり一食よばれるという約束らしい。

病みあがりの老人が作った卵どんぶりを私も一緒によばれつつ話していると、思わず呟いてしまった。

「私も周さんも、進歩しませんよね」

半ば退歩を意識した積極的な発言だったのだが、周さんはグリンピースをゆっくり呑み込みながら厳しい眼差しを向けた。しかし周さんはすぐに一息吐いて目力も緩め、静かな口調だが決然と言った。

「進歩するとか退歩するとか、……どっちも幻やで。……ただ展開するだけなんや」

そして編集担当の磯さんが今は日本語学校の教師をしつつ編集作業しているのも展開、また表紙を描いてくれた川口画伯があの当時から二度引越しているのも「展開や。しかも無指向性の展開やで」ということのようだった。なぜそんなことまで知っているのかは知らないが、周さんは丼を持ったまま、次第に自信ありげな声になっていった。

「助川はんに出逢うたのも大きな展開やったし、今日こうしてまた儂《わし》に逢うたのも展開やろ。無心になれば、無指向性の展開はいつでも起こるんや。死ぬまで、いや、死んでもきっと展開は続くんやで」

きっぱりそう言ってから、周さんは「むふふ」と笑った。どうやら周さんは、私が再び「あとがき」を書くことの意味を、示してくれたらしかった。

卵どんぶりを頰張りながら周さんは続けた。「曼衍《まんえん》っていうんやけど、以前話さんかった？　おたくのほうじゃ、諸行無常っていうんやろ。曼衍のほうが、無常のなかを進んでいく感じが出てるけどな。まぁ、同じ内容には二度とならんのやし、また書いたらええやん」

私はすでに充分に納得していた。それどころか、この話をそのまま「あとがき」に使おうと思っていた。ただ気になったのは、卵どんぶりを口に含んだまま話すので、卓袱台の周さんの前だけにご飯粒が飛び散っていたことだ。

しばらくすると九十歳にも近そうな老人が、しわくちゃな手でそのご飯粒を拾いだし、……それを見た周さんが「あっ」とか「おっ」と言いながら自分でも拾って食べだした。

私はようやく安堵し、同時にその展開に驚きながら、生きている以上は無限の展開があり得ることを確信しつつその家を後にした。

と、その前に、やはりドリアン助川氏が書かれたように、ツバメたちをほほえみながら眺めておこうと、玄関で巣を見上げたのだが、まもなく戻ってきた親ツバメの糞が額に落ちた。

もし台所で洗い物をしている周さんがこれを知ったら、遠慮なく高笑いするだろう。そう思って黙ったまま、冷たい額の糞をハンカチで拭う自分が情けなかった。『荘子』はまだまだ伴侶でも内実でもない。私自身にこそ今後も必要な本なのだと、急に降りだした雨に濡れながら、私は確信したのである。再び振り返り、雨を切って巣に戻るツバメにほほえもうとしたが、「ほほえみ」は意識するほど遠ざかっていった。周さんの言う「曼衍」という明るくも暗くもない認識を、私はツバメから、いやツバメに導いてくれたドリアン助川氏から、一縷の希望のように教わったのだと思った。

二〇一九年　風待月

玄侑宗久　謹誌

索引

語句索引

【あ行】

【か行】

【さ行】

【な行】

【は行】

【や行】

【ら行】

【わ行】

人名索引

解説　手紙に託して

ドリアン助川

五羽の若いツバメたちが、食堂の入口の旗の上に留まって飛翔の練習をし始めた日に、『荘子と遊ぶ』を読み終えました。玄侑さんも荘周さんも、もしそばにいらっしゃったら、微笑みながらツバメたちを眺められたでしょうね。

玄侑さん、ありがとうございました。心からお礼を申し上げます。

荘子を巡りながら、禅的思考の源流へと逍遥された旅日記でもあるこの御本は、心の谷底を這いずり回り、世界がひっくり返るような思いまでした私に、「やはりお前はそれで良かったのだよ」と、手を差し伸べ、背中を押してくれる内容に満ち溢れていました。

私はひょっとしたら、食堂の前を歩いてもツバメたちが目に入らないような人間だったかもしれないのです。人は常に、能動的でなければいけない。周囲をのんびり眺めている時間などない。そんな暇があったら、突出するためのアイデアを練れ。そう信じていた時代がたしかにあったのです。

突出。それは二十代中頃から三十代までの私の行動の指針となる言葉でした。たぶん、その根底には悔しさがあったのです。

私の目は色弱で、見分けのつきにくい色がいくつかあります。といっても、実生活で困ったことはないのですが、大学生のときの就職活動で初めて愕然としました。テレビ局や映画会社、出版社など、志望していたメディア系はすべて受験不可だったのです。

結局、企業には入らず、一人で生きていく道を選びました。塾の先生やバーテンダーをしながら、フリーの放送作家として、下請けのさらに下請けのような仕事をテレビ局やラジオ局からもらい、日々を凌いだのです。

業界のヒエラルキーで言えば、底辺にいた若者です。人間扱いされないようなこともしばしばありました。一日でも早く人から認められる人間になりたい。泣きながら酒を飲んだり、自分をいじめる人を夢のなかで殴ったりするような生活から脱出したい。そのためには、誰よりも能動的になり、突出するしかないと思ったのです。

東欧革命に飛び込んでいったり、自衛隊より先にカンボジアの地雷原に入ったりしたのは、人がやらないことを常に狙っていたからです。その挙げ句にパンクバンドまで結成し、モヒカン頭で、地雷を踏んでしまった人の歌を叫んでいました。気付けば大手レコード会社からデビューしていましたが、売れるはずもなく、ひりひりと痛む日々が続きました。

まだ突出が足りないのだと思った私は、三十代後半からニューヨークで暮らし始め、日米混成のバンドを組んでライブを繰り広げました。しかし、そこまででした。突然柱が折れてしまったかのように力が萎え、お金もなくなり、日本に帰ってきたのです。自分には何も突出したものはない。予感していた通り、不器用な人間に過ぎなかった。私が得たのはその答えだけでした。

四十歳。無職。貯金なし。多摩川の土手沿いのアパートを借りて暮らし始めました。なんだかすべてを奪われたような気分で、川原に佇みながら、ぼよぼよと震えているしかなかったのです。そうです。私は玄侑さんが書かれた「曇りなく澄みきって人為の加わらない本来の素朴さで、性を顕し自然な心のままで世間に遊ぶ」（90頁）とはまったく別の意味で、能動も主体も失った「渾沌《こんとん》王子」と化していました。

さあ、玄侑さんや周さんの言葉がびしびし響くのはここからです。

経済的に潤う未来はもうないと知った私は、川原から町を眺めながら、ひとつの覚悟を決めました。それは、なにも所有しない、所有のために努力することもしないという決心です。その代わり、地を這う者として、この世をひたすら感受しようと思ったのです。すると、不思議なことが起きました。

「荘子の理想は、絶対的な受動性を全うすることによってそのまま完全な主体性に反転する。無一物であればこそ無尽蔵に産みだされ、無端が万端に及ぶ禅の発想は、明らかに達磨《だるま》西来より遥か以前の中国に、『荘子』においてすでに芽生えていたのである」（20頁）と玄侑さんが書かれた通り、私の心のなかで、世界がひっくり返ってしまったのです。

所有の概念を捨てたときから、すべての事物との境界や壁が消え去りました。私と事物との間にあるのは「今そこにある関係」だけです。どんな金持ちも多摩川を買うことはできませんが、無一文の私にも、ただ感受するだけで多摩川は関係を持ってくれます。川原で咲く花々は誰のものでもありませんが、眺めているときは私のものなのです。そして私も、見るという関係を通じて花々のものなのです。こうして多摩川は「マイ多摩川」になりました。

こんなことは一般の読者には信じてもらえないかもしれませんが、花々の声を聴いたのは、その精神の大逆転のなかに於いてです。仕事に巡り会えず、茫然と佇む私に、川原一面のコスモスがこう囁いたのです。

「あなたは人間社会では失敗したかもしれないけれど、生き物としてはまだまだこれからだよ。とにかく生きていけばいいのだよ」

ひたすらの感受は、風景のなかの境界を消すだけではなく、生物の種という概念さえぶっ飛ばしてしまったのかもしれません。荘周さんが「万物斉同《ばんぶつせいどう》」と呼び、禅では「絶対平等」や「明」と呼ばれる世界（29頁）を、私はいつしか体験していたのでしょうか。

次いで、さらなる驚愕が待っていました。ある夕刻、私は多摩川の草むらに埋まり、沈みゆく太陽を見ていたのです。この世を捉えているのは私の意識だ、という感覚がありました。しかしその意識は私だけに留まるものではなく、肉体を越えて、すべてと関係を持ちながら急速に膨れ上がったのです。このとき、意識は私と太陽の間の距離にまで膨張しました。そしてそれが「存在」となったのです。この瞬間、興味あってかつて眺めていた禅問答のすべてが解けたような気がしました。

玄侑さんが周さんに向けた、「没主観《もつしゆかん》」というのは、きっと「我」が宇宙大に広がって自然と「和」した状態なんでしょうね」（31頁）という問いかけと同じく、私はその答えを、ひとつの経験として得たのです。

無一文になり、多摩川の川原の人間となってしまった私に、世界はこうしてとんでもない扉を開けてくれました。坐禅こそはしませんでしたが、「天籟《てんらい》に耳を澄ます時間」（71頁）は豊富にあったのであり、「関係性をあるがままに受けとめる自己のなかの自然」（同頁）は、私に感受の道を開きました。所有への欲望という人類特有の精神的疾病からさえ逃れられれば、世界は最初から与えられている。すべては関係性のなかにあるのだから、単独で存在できるものなどどこにもない、という真理です。

私はこのように意識して生きる姿勢を、「積極的感受」と呼ぶことにしました。眠りにつくとき、私は川原と化し、まぶたの向こうに星空を見ます。まるで周さんのこの言葉のように。

「そのとき人の想像力は爆発的に大きく膨らむんや。だから受け容れて随順した瞬間から、自然な反応そのものに強靭な意志がこもるんや。それだけが揺るぎない主体性とちゃうか」（295頁）

突出も所有も過去の幻影となり、ただ感受の心となった私は、長い間胸に溜めていた仕事をついにやり始めました。人が生きることの普遍的な意味を、ハンセン病の元患者の人生を通じて描く小説の執筆です。

きっかけは、社会の役に立つものだけが有用であり、人生の目的であると言い切った若者たちの言葉を耳にしたことです。私は反発を覚えました。玄侑さんも、恵施を批判する荘周さんの言葉として書かれている通り、「無用の用」のなかにこそ私たちの生きる意味が見え隠れしているのではないかと思えたからです。

ただ、ハンセン病の療養所を訪れ、元患者さんたちと出会うようになってからも、執筆には何年もかかりました。楽な道ではなかったです。それでもなんとか『あん』（ポプラ社）という小説を書き上げ、絶対隔離のなかで甘いものを作り続けてきた高齢の女性、主人公の徳江に、「私たちはこの世を見るために、聞くために生まれてきた」という積極的感受の心を語ってもらいました。これは玄侑さん、まさに荘周の心であり、禅の姿勢であると思っています。死を目前にした徳江に木々たちが「よう頑張ったな。やり遂げたな」と語るシーンは、私がコスモスたちの囁き声を聴き、励まされたときの奇跡を再現しています。

この小説は映画化もされ、世界中で上映されました。小説そのものも十三に上る言語で翻訳され、世界の多くの人に読まれています。

所有をあきらめたとき、世界が私に道を用意してくれたのです。

それでもやはり、自分の生き方はこれで良かったのだろうかと思うことはしばしばあります。痛みや苦しみを忘れたわけではありません。そんななかにあって、玄侑さん、この御本『荘子と遊ぶ』がどれだけ肯定的に、自分のこれまでの日々を「むふふ」と笑いながら支えてくれたことでしょう。

学が浅いゆえ、対機説法的に描いて下さった周さんやナムと赤トラの物語が荘子の言葉へのいい橋渡しになり、胸にしみました。人を救うとは、甘言をちりばめることではなく、新しい世界を提示することなのですね。

本来であれば、もっともっと玄侑さんの本文からの引用も含め、学術的に踏み込む内容にした方が良かったのかもしれません。でも、玄侑さんと荘周さんの対話から生まれたこの御本によって、実人生の上でこんなに励まされている人間もいるということを、私は手紙にしたためたかったのです。

玄侑さん、荘周さん、再度言わせて下さい。ありがとうございました。大いなる時を経ても、言葉とツバメたちは、未来と感じられる方向からやってきますね。

本書は二〇一〇年十月筑摩書房より刊行された。

ハーメルンの笛吹き男　阿部謹也

「笛吹き男」伝説の裏に隠された謎はなにか？　十三世紀ヨーロッパの小さな村で起きた事件を手がかりに中世における「差別」を解明。　（石牟礼道子）

自分のなかに歴史をよむ　阿部謹也

キリスト教に彩られたヨーロッパ中世社会の研究で知られる著者が、その学問的来歴をたどり直すことを通して描く〈歴史学入門〉。　（山内進）

逃走論　浅田彰

パラノ人間からスキゾ人間へ、住む文明から逃げる文明への大転換の中で、軽やかに〈知〉と戯れるためのマニュアル。

純文学の素　赤瀬川原平

まわりにあるありふれた物体、出来事をじっくり眺めると不思議な迷路に入り込む。「超芸術トマソン」前史ともいうべき「体験」記。　（久住昌之）

パラノイア創造史　荒俣宏

悪魔の肖像を描いた画家、地球を割ろうとした男、新文字を発明した人々など、狂気と創造のはざまを生きた偉大なる〈幻視者〉たちの魅惑の文化史。

ナショナリズム　浅羽通明

新近代国家日本は、いつ何のために、創られたのか。日本ナショナリズムの起源と諸相を十冊のテキストを手がかりとして網羅する。　（斎藤哲也）

幕末単身赴任　下級武士の食日記　増補版　青木直己

きな臭い世情なんてなんのその、単身赴任でやってきた勤番侍が幕末江戸の〈食〉を大満喫！　残された日記から当時の江戸のグルメと観光を紙上再現。

新版　ダメな議論　飯田泰之

単純なスローガン、偉そうな引用……そんな「厚化粧」した議論の怪しさを見抜く方法を豊富な実例とチェックポイントを駆使してわかりやすく伝授。

辺界の輝き　五木寛之　沖浦和光

サンカ、家船、遊芸民、香具師など、差別されながら漂泊に生きた人々が残したものとは？　白熱する対論の中から、日本文化の深層が見えてくる。

仏教のこころ　五木寛之

人々が仏教に求めているものとは何か、仏教はそれにどう答えてくれるのか。著者の考えをまとめた文章に、河合隼雄、玄侑宗久との対談を加えた一冊。

自力と他力　五木寛之

俗にいう「他力本願」とは正反対の思想が、真の「他力」である。真の絶望を自覚した時に、人はこの感覚に出会うのだ。

サンカの民と被差別の世界　五木寛之

歴史の基層に埋もれた、忘れられた日本を掘り起こす。漂泊に生きた海の民・山の民。身分制で賤民とされた人々。彼らが現在に問いかけるものとは。

隠れ念仏と隠し念仏　五木寛之

九州には、弾圧に耐えて守り抜かれた「隠れ念仏」があり、東北には、秘密結社のような信仰「隠し念仏」がある。知られざる日本人の信仰を探る。

宗教都市と前衛都市　五木寛之

商都大阪の底に潜む強い信仰心。国際色豊かなエネルギーが流れ込み続ける京都。現代にも息づく西の都の歴史。「隠された日本」シリーズ第三弾。

わが引揚港からニライカナイへ　五木寛之

玄洋社、そして引揚者の悲惨な歴史とは？　アジアとの往還の地・博多と、日本の原郷・沖縄。二つの土地を訪ね、作家自身の戦争体験を歴史に刻み込む。

日本幻論
漂泊者のこころ　五木寛之

幻の隠岐共和国、柳田國男と南方熊楠、人間としての蓮如像等々、非・常民文化の水脈を探り、五木文学の原点を語った衝撃の幻論集。（中沢新一）

建築の大転換　増補版　伊東豊雄　中沢新一

いま建築に何ができるか。震災復興、地方再生、エネルギー改革などの大問題を、第一人者たちが説き尽くす。新国立競技場への提言を増補した決定版！

その後の慶喜　家近良樹

幕府瓦解から大正まで、若くして歴史の表舞台から姿を消した最後の将軍の〝長い余生〟を近しい人間の記録を元に明らかにする。（門井慶喜）

「月給100円サラリーマン」の時代　岩瀬彰

物価・学歴・女性の立場――。豊富な資料と具体的なイメージを通して戦前日本の「普通の人」の生活感覚を明らかにする。（パオロ・マッツァリーノ）

漢字とアジア　石川九楊

中国で生まれた漢字が、日本（平仮名）、朝鮮（ハングル）、越南（チューノム）を形づくった。鬼才の書家が巨視的な視点から語る二千年の歴史。

9条どうでしょう　内田樹／小田嶋隆／平川克美／町山智浩

「改憲論議」の閉塞状態を打ち破るには、「虎の尾を踏むのを恐れない」言葉の力が必要である。四人の書き手によるユニークな洞察が満載の憲法論！

武道的思考　内田樹

「いのちがけ」の事態を想定し、心身の感知能力を高める技法である武道には叡智が満ちている！　気持ちがシャキッとなる達見の武道論。（安田登）

隣のアボリジニ　上橋菜穂子

大自然の中で生きるイメージとは裏腹に、町で暮らすアボリジニもたくさんいる。そんな「隣人」アボリジニの素顔をいきいきと描く。（池上彰）

弾左衛門と江戸の被差別民　浦本誉至史

浅草弾左衛門を頂点とした、花の大江戸の被差別民の世界に迫る。ごみ処理、野宿者の受け入れなど現代にも通じる都市問題が浮かび上がる。（外村大）

熊を殺すと雨が降る　遠藤ケイ

山で生きるには、自然についての知識を磨き、己れの技量を謙虚に見極めねばならない。山村に暮らす人びとの生業、猟法、川漁を克明に描く。

世界史の誕生　岡田英弘

世界史はモンゴル帝国と共に始まった。東洋史と西洋史の垣根を超えた世界史を可能にした、中央ユーラシアの草原の民の活動。

日本史の誕生　岡田英弘

「倭国」から「日本国」へ。そこには中国大陸の大きな政治のうねりがあった。日本国の成立過程を東洋史の視点から捉え直す刺激的論考。

倭国の時代　岡田英弘

世界史的視点から「魏志倭人伝」や「日本書紀」の成立事情を解明し、卑弥呼の出現、倭国王家の成立、日本国誕生の謎に迫る意欲作。

よいこの君主論　架神恭介／辰巳一世

戦略論の古典的名著、マキャベリの『君主論』が、小学校のクラス制覇を題材に楽しく学べます。学校、職場、国家の覇権争いに最適のマニュアル。

仁義なきキリスト教史　架神恭介

イエスの活動、パウロの伝道から、叙任権闘争、十字軍、宗教改革まで——。キリスト教二千年の歴史が果てなきやくざ抗争史として蘇る！（石川明人）

戦国美女は幸せだったか　加来耕三

波瀾万丈の動乱時代、女たちは賢く逞しかった。武将の妻から庶民の娘まで。戦国美女たちの素晴らしい生き様が、日本史をつくった。文庫オリジナル。

きよのさんと歩く大江戸道中記　金森敦子

江戸時代、鶴岡の裕福な商家の内儀・三井清野のゴージャスでスリリングな大観光旅行。総距離約2420キロ、旅程108日を追体験。（石川英輔）

座右の古典　鎌田浩毅

読むほどに教養が身につく！　古今東西の必読古典50冊を厳選し項目別に分かりやすく解説。京大人気教授が伝授する、忙しい現代人のための古典案内。

「幕末」に殺された女たち　菊地明

黒船来航で幕を開けた激動の時代に、心ならずも命を落としていった22人の女性たちを通して描く、もうひとつの幕末維新史。文庫オリジナル。

哀しいドイツ歴史物語　菊池良生

どこで歯車が狂ったのか。何が運命の分かれ道だったのか。歴史の波に翻弄され、虫けらのごとく捨てられていった九人の男たちの物語。（鎌田實）

闇屋になりそこねた哲学者　木田元

原爆投下を目撃した海軍兵学校帰りの少年は、ハイデガーとの出会いによって哲学を志す。自伝の形を借りたユニークな哲学入門。（与那原恵）

名画の言い分　木村泰司

「西洋絵画は感性で見るものではなく読むものだ」。斬新で具体的なメッセージを豊富な図版とともにわかりやすく解説した西洋美術史入門。（鴻巣友季子）

現代人の論語　呉智英

革命軍に参加⁉　王妃と不倫⁉　孔子とはいったい何者なのか？　論語を読み抜くことで浮かび上がる孔子の実像。現代人のための論語入門・決定版！

つぎはぎ仏教入門　呉智英

知ってるようで知らない仏教の、その歴史から思想的な核心までを、この上なく明快に説く。現代人のための最良の入門書。二篇の補論を新たに収録！

吉本隆明という「共同幻想」　呉智英

熱狂的な読者を生んだ吉本隆明。その思想は「正しく」読み取られていただろうか？　難解な吉本思想の核心を衝き、特異な読まれ方の真実を説く！

考現学入門　今和次郎　藤森照信編

震災復興後の東京で、都市や風俗への観察・採集からはじまった〈考現学〉。その雑学の楽しさを満載し、新編集でここに再現。（藤森照信）

江藤淳と大江健三郎　小谷野敦

大江健三郎と江藤淳は、戦後文学史の宿命の敵同士として知られた。その足跡をたどりながら日本の文壇・論壇を浮き彫りにするダブル伝記。（大澤聡）

レトリックと詭弁　香西秀信

「沈黙を強いる問い」「論点のすり替え」など、議論に仕掛けられた巧妙な罠に陥ることなく、詐術に打ち勝つ方法を伝授する。

独特老人　後藤繁雄編著

埴谷雄高、山田風太郎、中村真一郎、淀川長治、水木しげる、吉本隆明、鶴見俊輔……独特の個性を放つ思想家28人の貴重なインタビュー集。

紅一点論　斎藤美奈子

「男の中に女が一人」は、テレビやアニメで非常に見慣れた光景である。その「紅一点」の座を射止めたヒロイン像とは!?（姫野カオルコ）

「日本人」力　九つの型　齋藤孝

個性重視と集団主義の融合は難問のままである。著名な九人の生き方をたどり、「少年力」や「座禅力」などの「力」の提言を通して解決への道を示す。

生き延びるためのラカン　斎藤環

幻想と現実が接近しているこの世界で、できるだけリアルに生き延びるためのラカン解説書にして精神分析入門書。カバー絵・荒木飛呂彦（中島義道）

増補　転落の歴史に何を見るか　齋藤健

奉天会戦からノモンハン事件に至る34年間、日本は内発的改革を試みたが失敗し、敗戦に至った。近代史を様々な角度から見直し、その原因を追究する。

桜のいのち庭のこころ　佐野藤右衛門　塩野米松聞き書き

花は桜の最後の仕事なんですわ。花を散らして初めて芽が出て一年間の営みが始まるんです――桜守と呼ばれる男が語る、桜と庭の尽きない話。

学問の力　佐伯啓思

学問には普遍性と同時に「故郷」が必要だ。経済用語に支配され現実離れしてゆく学問の本質を問い直し、体験を交えながら再生への道を探る。（猪木武徳）

大江戸観光　杉浦日向子

はとバスにでも乗った気分で江戸旅行に出かけてみましょう。歌舞伎、浮世絵、狐狸妖怪、かげま……。名ガイドがご案内します。（井上章一）

ぼくが真実を口にすると　吉本隆明88語　勢古浩爾

吉本隆明の著作や発言の中から、とくに心に突き刺さったフレーズ、人生の指針となった言葉を選び出し、それを手掛かりに彼の思想を探っていく。

ことばが劈《ひら》かれるとき　竹内敏晴

ことばとこえとからだと、それは自分と世界との境界線だ。幼時に耳を病んだ著者が、いかにことばを回復し、自分をとり戻したか。

「自分」を生きるための思想入門　竹田青嗣

なぜ「私」は生きづらいのか。「他人」や「社会」をどう考えたらいいのか。誰もがぶつかる問題を平易な言葉で哲学し、よく生きるための〝技術〟を説く。

春画のからくり　田中優子

春画では、女性の裸だけが描かれることはなく、男女の絡みが描かれる。男女が共に楽しんだであろう性表現に凝らされた趣向とは。図版多数。

江戸百夢　田中優子

世界の都市を含みこむ「るつぼ」江戸の百の図像（手拭いから彫刻まで）を縦横無尽に読み解く。平成12年度芸術選奨文部科学大臣賞、サントリー学芸賞受賞。

張形と江戸女　田中優子

江戸時代、張形は女たち自身が選び、楽しむものだった。江戸の大らかな性を春画から読み解く。図版追加。カラー口絵4頁。（白倉敬彦）

カムイ伝講義　田中優子

白土三平の名作漫画『カムイ伝』を通して、江戸の社会構造を新視点で読み解く。現代の階層社会の問題が見えると同時に、エコロジカルな未来も見える。

戦前の生活　武田知弘

軍国主義、封建的、質素倹約で貧乏だったなんてウソ。意外で驚きなトピックが満載。夢と希望に溢れ、ゴシップに満ちた戦前の日本へようこそ。

「読まなくてもいい本」の読書案内　橘玲

時間は有限だから「古いパラダイムで書かれた本」は捨てよう！「今、読むべき本」が浮かび上がる驚きの読書術。文庫版書下しを付加。（吉川浩満）

伝達の整理学　外山滋比古

大事なのは、知識の詰め込みではない。思考をいかに伝達するかである。AIに脅かされる現代人の知のあるべき姿を提言する、最新書き下ろしエッセイ。

美少年学入門 増補新版　中島梓

少年——それはひとつの思想である。マンガ、小説、映画、現実……世のすべての事象を手がかりに、あるべき美少年の姿を徹底的に論じつくす。

人生を〈半分〉降りる　中島義道

哲学的に生きるには〈半隠遁〉というスタイルを貫くしかない。「清貧」とは異なるその意味と方法を、自身の体験を素材に解き明かす。（中野翠）

哲学の道場　中島義道

哲学は難解で危険なものだ。しかし、世の中にはこれを必要とする人たちがいる。——死の不条理への問いを中心に、哲学の神髄を伝える。（小浜逸郎）

ヒトラーのウィーン　中島義道

最も美しいものと最も醜いものが同居する都市ウィーンで、二十世紀最大の「怪物」はどのような青春を送り、そして挫折したのか。（加藤尚武）

暴力の日本史　南條範夫

上からの暴力は歴史を通じて常に残忍に人々を苦しめてきた。それに対する庶民の暴力はいかに興り敗れてきたか。残酷物の名手が描く。（石川忠司）

古城秘話　南條範夫

城の歴史は凄絶な人間絵巻である。——北は松前城から南は鹿児島城まで全国30の古城にまつわる伝説を鮮やかな語りでよみがえらせる。（伊東潤）

裸はいつから恥ずかしくなったか　中野明

幕末、訪日した外国人は混浴の公衆浴場に驚いた。日本人が裸に対して羞恥心や性的関心を持ったのはいつなのか。「裸体」で読み解く日本近代史。

世界漫遊家《グローブトロッター》が歩いた明治ニッポン　中野明

開国直後の明治ニッポンにあふれる冒険心を持って訪れた外国人たち。彼らの残した記録から「神秘の国」の人、文化、風景が見えてくる。（宮田珠己）

江戸の大道芸人　中尾健次

江戸の身分社会のなかで、芸人たちはどのような扱いを受け、どんな芸をみせていたのだろうか？　被差別民と芸能のつながりを探る。（村上紀夫）

吉行淳之介ベスト・エッセイ　吉行淳之介　荻原魚雷編

創作の秘密から、ダンディズムの条件まで。「文学」「男と女」「紳士」「人物」のテーマごとに厳選した、吉行淳之介の入門書にして決定版。（大竹聡）

島津家の戦争　米窪明美

薩摩藩の私領・都城島津家に残された日誌を丹念に読み解き、幕末・明治の日本を動かした最強武士団の実像に迫る。薩摩から見たもう一つの日本史。

ちぐはぐな身体《からだ》　鷲田清一

ファッションは、だらしなく着くずすことから始まる。中高生の制服の着崩し、コムデギャルソン、刺青等から身体論を語る。（永江朗）

哲学個人授業　鷲田清一　永江朗

哲学者のとぎすまされた言葉には、歌舞伎役者の切る「見得」にも似た魅力がある。哲学者23人の魅惑の言葉。文庫版では語り下ろし対談を追加。

ひとはなぜ服を着るのか　鷲田清一

ファッションやモードを素材として、アイデンティティや自分らしさの問題を現象学的視線で分析する。「鷲田ファッション学」のスタンダード・テキスト。

ちゃんと食べてる？　有元葉子

元気に豊かに生きるための料理とは？　食材や道具の選び方、おいしさを引き出すコツなど、著者の台所の哲学がぎゅっとつまった一冊。（高橋みどり）

昭和の洋食　平成のカフェ飯　阿古真理

小津安二郎『お茶漬の味』から漫画『きのう何食べた？』まで、家庭料理はどのように描かれてきたか。食と家族と社会の変化を読み解く。（上野千鶴子）

イギリス人の知恵に学ぶ「これだけはしてはいけない」
夫婦のルール　ブランチ・エバット　井形慶子監訳

一九一三年に刊行され、イギリスで時代を超えて読み継がれてきたロングセラーの復刻版。現代の日本でも妙に納得できるところが不思議。

よみがえれ！　老朽家屋　井形慶子

吉祥寺商店街近くの昭和の一軒家を格安でリフォーム、念願の店舗付住宅を手に入れるまで。住宅エッセイの話題作、ついに文庫化！

突撃！　ロンドンに家を買う　井形慶子

ロンドンの中古物件は古いほど価値がある。夢を果たすために東奔西走、お屋敷から公団住宅まで歩いて知った英国式「理想の家」の買い方。（菊地邦夫）

ちくま文庫

荘子《そうじ》と遊《あそ》ぶ
――禅的思考《ぜんてきしこう》の源流《げんりゅう》へ

二〇一九年八月十日　第一刷発行

著者　玄侑宗久（げんゆう・そうきゅう）
発行者　喜入冬子
発行所　株式会社　筑摩書房
東京都台東区蔵前二―五―三　〒一一一―八七五五
電話番号　〇三―五六八七―二六〇一（代表）
装幀者　安野光雅
印刷所　中央精版印刷株式会社
製本所　中央精版印刷株式会社

ISBN978-4-480-43608-5 C0115